Penguin Books
Swedish Phrase Book
Malin Waters and Jillian Norman

Swedish Phrase Book

Malin Waters and Jillian Norman

Penguin Books Ltd, Harmondsworth,
Middlesex, England
Penguin Books Inc., 7110 Ambassador Road,
Baltimore, Maryland 21207, U.S.A.
Penguin Books Australia Ltd, Ringwood,
Victoria, Australia

First published 1972
Copyright © Jillian Norman and Malin Waters, 1972

Made and printed in Great Britain by
Hazell Watson & Viney Ltd, Aylesbury, Bucks
Set in Monotype Plantin

This book is sold subject to the condition that
it shall not, by way of trade or otherwise, be lent,
re-sold, hired out, or otherwise circulated without
the publisher's prior consent in any form of
binding or cover other than that in which it is
published and without a similar condition
including this condition being imposed on the
subsequent purchaser

CONTENTS

Contents

INTRODUCTION

In this series of phrase books only those words and phrases that are essential to the traveller have been included. For easy reference the phrases are divided into several sections, each one dealing with a different situation. Some of the Swedish phrases are marked with an asterisk – these give an indication of the kind of reply you may get to your questions, of questions you may be asked, or indicate street signs and other notices you should be aware of.

At the end of the book is an extensive vocabulary list and here a pronunciation guide is given for each word. In addition there is an explanation of Swedish pronunciation at the beginning of the book and a brief survey of the essential points of grammar. It would be advisable to read these sections before starting to use the book.

SWEDISH PRONUNCIATION

The pronunciation guide is intended for people with no knowledge of Swedish. As far as possible the system is based on English pronunciation. This means that complete accuracy may sometimes be lost for the sake of simplicity, but the reader should be able to understand Swedish pronunciation and make himself understood if he reads this section carefully. In addition, each word in the vocabulary has a transcription into English symbols according to the rules set out below.

Vowels

In Swedish, vowels are much purer than in English. They are also clearly pronounced at the ends of words.

hard vowels

long **a**	as **a** in father	symbol **ah**	glas – glass (glahs)
short **a**	as **u** in but	symbol **a**	spann – bucket (span)
o	as **oo** in moose	symbol **oo**	blomma – flower (blooma)
long **u**	exists only in Swedish; say 'e' as in bed, but make it a very long sound; at the same time round your lips *tightly*	symbol **uu**	hus – house (huus)

short **u**	as above, but shorter	symbol ŭ	buss – bus (bŭs)
long **å** and sometimes **o**	as a in small	symbol aw	båt – boat (bawt)
short **å** and sometimes **o**	as o in not	symbol o	klocka – clock (kloka)

soft vowels

long **e**	as a in fate	symbol ay	brev – letter (brayv)
short **e**	as e in bed	symbol e	penna – pen (pena)
long **i**	as ee in weed	symbol ee	bil – car (beel)
short **i**	as i in bit	symbol i	flicka – girl (flika)
y	as German **ü**; say 'i' as in bit with lips pouting	symbol ü	hyra – rent (hüra)
ä	as e in bed	symbol e	äpple – apple (epler)
ö	as ur in fur	symbol ur	öra – ear (urra)

Consonants

g	before hard vowel as g in go	symbol g	gå – go (gaw)
	before soft vowel and after l and r as y in young	symbol y	Göteborg (yurtebor-y)

gn	as **ng** + **n**	symbol **ng-n**	regn – rain (reng-n)
j	as **y** in young	symbol **y**	jag – I (yahg)
dj, hj, lj	as **y** in young	symbol **y**	djur – animal (yuur) hjärta – heart (yerta)
k	before hard vowel as **k** in kick	symbol **k**	kopp – cup (kop)
	before soft vowel as **ch** in church	symbol **ch**	kyrka – church (chürka)
kn	is always pronounced as two separate sounds	symbol **k-n**	knä – knee (k-ne)
ng	as **ng** in singer	symbol **ng**	många – many (monga)
r	is rolled (like Scottish **r**) and is always clearly pronounced	symbol **r**	har – has (hahr)
s, z	as **s** in sin	symbol **s**	resa – travel (raysa) zebra – zebra (saybra)
sch, sj, skj, stj	as **sh** in shun	symbol **sh**	dusch – shower (dŭsh) sjö – lake (shur)
w	as **v**	symbol **v**	watt – watt (vat)

All other consonants (b, c, d, f, h, l, m, n, p, q, t, v, x) are pronounced as in English.

Stress

Most Swedish words are stressed on the first syllable. Irregular stress is indicated in the pronunciation guide by printing the stressed syllable in **bold** type.

ESSENTIAL GRAMMAR

NOUNS AND ARTICLES

THE ARTICLES

In Swedish the indefinite article (a, an) is either **en** or **ett**. **En** is used with words of common gender, and is the more common; **ett** is neuter. When you want to say 'the car' you put 'the' at the end of the noun.

e.g. *en* bil – a car   bil*en* – the car
    ett hus – a house   hus*et* – the house
    or, if the noun ends in a vowel:
    en flicka – a girl   flick*an* – the girl
    ett hjärta – a heart   hjärt*at* – the heart

In the definite plural you also put 'the' at the end of the word, *after* the plural ending (see declensions below). The definite plural article is **-na**, **-a** or **-en** (see below after declensions).

DECLENSIONS OF NOUNS

There are five declensions in Swedish, and although there are no easy rules as to which noun belongs where, the following rough guidelines may be useful:

1st declension: plural ends in **–or**.
en flicka – a girl   två flick**or**– two girls
The majority of nouns in the 1st declension are **en**-nouns ending in **–a**.

2nd declension: plural ends in **–ar**.
en bil – a car   två bil**ar** – two cars
All nouns in the 2nd declension are **en**-nouns.

3rd declension: plural ends in **–er.**

en person – a person
en hand – a hand

två person**er** – two persons
två händ**er** – two hands

Both **en-** and **ett-**nouns belong to the 3rd declension. Many are foreign words. Some modify their stem-vowel in the plural (e.g. hand – händer above).

4th declension: plural ends in **–n.**

ett äpple – an apple

två äpple**n** – two apples

The majority of nouns belonging to the 4th declension are **ett-**nouns ending in a vowel, usually **–e.**

5th declension: no plural ending.

ett hus – a house

två hus – two houses

Most nouns in the 5th declension are **ett-**nouns ending in a consonant.

In the *definite plural* (as in the definite singular) the article comes at the end, after the plural ending. The definite plural endings (i.e. with the article) are as follows:

1st decl. flickor – girls	flickor**na** – the girls
2nd decl. bilar – cars	bilar**na** – the cars
3rd decl. personer – persons	personer**na** – the persons
4th decl. äpplen – apples	äpple**na** – the apples
5th decl. hus – houses	hus**en** – the houses

In the vocabulary and word lists both the indefinite and definite forms are given, e.g. en adress, –en : address; ett land, –et : country.

ADJECTIVES

In the *indefinite singular*, with a neuter noun, the adjective takes the ending –t, to correspond with the indefinite article **ett**. With an **en**-noun the adjective takes no ending.

    e.g. en gul bil – a yellow car   ett gult hus – a yellow house

In the *indefinite plural* the ending is –**a** for both **en**- and **ett**-nouns.
    e.g. gula bilar – yellow cars   gula hus – yellow houses

When the noun in the definite form is separated from the adjective by the verb 'to be', the adjective retains the indefinite form.
    e.g. bilen är gul – the car is   bilarna är gula – the cars are
          yellow   yellow
        huset är gult – the house is   husen är gula – the houses are
          yellow   yellow

In the *definite* form the adjective always takes the ending –**a**, whether with an **en**- or **ett**-noun, whether singular or plural. It is also always *preceded* by the definite article: **den** (with **en**-nouns), **det** (with **ett**-nouns), **de** (with either plural).

    e.g. **den** gula bilen – the yellow car
        det gula huset – the yellow house
        de gula bilarna – the yellow cars
        de gula husen – the yellow houses

There are three ways of forming the comparative and superlative forms of the adjective:

1. billig – cheap   billig**are** – cheaper   billig**ast** – cheapest
This is the most common way.

2. stor – big   stö**rre** – bigger   stö**rst** – biggest

As well as taking the endings –**re** and –**st** the stem vowel is modified.

3. liten – small   mindre – smaller   minst – smallest
   god – good   bättre – better   bäst – best
   dålig – bad   sämre – worse   sämst – worst
   gammal – old   äldre – older   äldst – oldest

These irregular comparisons correspond roughly to the English ones.

> e.g. Denna platsen är billigare än den där – This seat is cheaper
> than that one

PERSONAL PRONOUNS

jag	I	mig	me
du	you	dig	you
han	he	honom	him
hon	she	henne	her
vi	we	oss	us
ni	you (*plural*)	er	you
de	they	dem	them

> e.g. Jag träffade honom igår – I met him yesterday
> De sa goddag till oss – They said hallo to us

Du is used in addressing somebody one knows well. In addressing somebody one doesn't know very well *title + surname* or the plural form **ni** is used.

> e.g. Vill ni ha en kopp kaffe? – Would you like a cup of coffee?
> Vill herr Johansson ha en kopp kaffe? – Would you like a cup of coffee, Mr Johansson?

However, **du** is becoming more commonly used between strangers. In the phrase section of this book 'you' is translated by **ni**. It is left to the reader's discretion to substitute **du** when appropriate.

POSSESSIVE PRONOUNS AND ADJECTIVES

with **en**-*noun*	*with* **ett**-*noun*	*with either plural*	
min	mitt	mina	my, mine
din	ditt	dina	your, yours
hans	hans	hans	his
hennes	hennes	hennes	her, hers
vår	vårt	våra	our, ours
er	ert	era	your, yours
deras	deras	deras	their, theirs

    e.g. Det är min bil – It is my car

        Deras rundturer är bra – their guided tours are good

REFLEXIVE POSSESSIVE ADJECTIVES

When 'his', 'her/s' or 'their/s' are used to qualify the object of a clause *and* refer to the subject of the clause in which they appear, they are translated by **sin, sitt, sina**.

    e.g. Han startade sin bil – He started his (own) car

Compare: Han startade hans bil – He started his (somebody else's) car

INTERROGATIVES

vem?	who?
vilken?	who? which?
vad?	what?
vems?	whose?
var?	where?
vart?	where ... to?

hur?   how?
varför?   why?
när?   when?
    e.g. När kommer du? – When are you coming?
       Vilken film föredrar du? – Which movie do you prefer?

RELATIVE PRONOUNS

The relative pronouns 'who, whom, which, that' can all be translated
by **som**.
    e.g. Mannen som ni talade med, är föreståndaren – The man whom
       you talked to is the manager

NEGATIVES

inte   not
aldrig   never
    e.g. Jag har inte ätit middag ännu – I have not had dinner yet
       Jag har aldrig varit i Sverige förut – I have never been to Sweden
       before

ADVERBS

Adverbs derived from adjectives are usually formed by adding –t to
the stem form of the adjective.
    e.g. Herr Pettersson log artigt – Mr Pettersson smiled politely
       Vi måste stiga upp tidigt i morgon – We must get up early
       tomorrow morning
Some adverbs, as in English, are not derived from adjectives. The
two languages correspond roughly in this respect.
    e.g. först   first

nu   now
kanske   perhaps
innan, förut   before

Some Swedish adverbs have two forms, one indicating rest, another indicating motion to a place:

Rest	*Motion*
Var är du? – Where are you?	**Vart** är du på vag? – Where are you going?
Där är Pelle – There is Pelle	Ska vi gå **dit**? – Shall we go there?
Här är det – Here it is	Stina kommer **hit** ikväll – Stina is coming here tonight
Fru Larsson är **ute** – Mrs Larsson is out	Vi ska gå **ut** – We are going out
Vi stannar **hemma** ikväll – We'll stay at home tonight	Kom **hem** till oss! – Come home to our place!

SOME COMMON PREPOSITIONS

av

En bok av August Strindberg – A book by August Strindberg
Är du intresserad av gamla hus? – Are you interested in old houses?
Det var snällt av dig att ringa – It was kind of you to phone

hos

Vi bor hos Svenssons – We are staying with the Svenssons

i

Vad har ni i väskan? – What have you got in your bag?
Lars går i skolan – Lars goes to school
Jag har ont i huvudet – I have a headache

med

Kan jag få tala med konduktören? – Can I speak to the conductor, please?
Hur är det med Karin? – How are things with Karin?
Vill ni komma med oss? – Would you like to come with us?

om

Jag ber om ursäkt – I beg your pardon/excuse me
Vad handlar pjäsen om? – What is the play about?
Jag tycker om soppa – I like soup

på

Vi bor på hotell – We are staying in a hotel
Jag måste gå på banken – I must go to the bank
Får jag bjuda på kaffe? – Can I offer you some coffee?
Ropa på servitrisen – Call the waitress

till

Det är telefon till fru Larsson – There is a call for you, Mrs Larsson
Kan jag få två biljetter till sju-föreställningen – Can I have two tickets for the seven o'clock performance, please?
Håll till höger! – Keep right

vid

Ta till vänster vid kyrkan – Turn left at the church

över

Har ni en karta över Sverige? – Have you got a map of Sweden?
Lägg filten över honom – Put the blanket over him

VERBS

Swedish verbs fall into four conjugations. All verbs (except a few auxiliaries) take the ending **–r** in all persons in the present tense

1st conjugation: the past tense ends in **–ade,** the past participle in **–at.**

Infinitive
att tala – to speak

Present
jag talar – I speak
du talar – you speak
han talar – he speaks
hon talar – she speaks
vi talar – we speak
ni talar – you speak
de talar – they speak

Past
jag talade – I spoke
du talade – you spoke
han talade – he spoke
hon talade – she spoke
vi talade – we spoke
ni talade – you spoke
de talade – they spoke

Perfect
jag har talat – I have spoken
du har talat – you have spoken
han har talat – he has spoken
hon har talat – she has spoken

vi har talat – we have spoken
ni har talat – you have spoken
de har talat – they have spoken

Future
jag ska tala – I shall speak
du ska tala – you will speak
han ska tala – he will speak
hon ska tala – she will speak
vi ska tala – we shall speak
ni ska tala – you will speak
de ska tala – they will speak

2nd conjugation: the past tense ends in **–de** (after k, p, t and s: **–te**), the past participle in **–t.**

Infinitive
att ringa – to ring
att köpa – to buy
att höra – to hear

Present
jag ringer – I ring
jag köper – I buy
jag hör – I hear
Note that in a verb like **höra**, where the stem already ends in **–r**, you don't add another **–er** in the present tense.

Past
jag ringde – I rang
jag köpte – I bought
jag hörde – I heard

Perfect
jag har ringt – I have rung
jag har köpt – I have bought
jag har hört – I have heard

Future
jag ska ringa – I shall ring
jag ska köpa – I shall buy
jag ska höra – I shall hear

3rd conjugation: all these verbs end in a vowel other than 'a' in the infinitive. The past tense ends in **–dde,** the past participle in **–tt.**

Infinitive
att sy – to sew

Present
jag syr – I sew

Past
jag sydde – I sewed

Perfect
jag har sytt – I have sewn

Future
jag ska sy – I shall sew

4th conjugation: consists of the strong verbs, which like the English 'spring, sprang, sprung' change their stem vowel. There is no ending in the past tense; the past participle of most strong verbs ends in **–it.**

Infinitive
att springa – to run

Present
jag springer – I run

Past
jag sprang – I ran

Perfect
jag har sprungit – I have run

Future
jag ska springa – I shall run

The most common strong verbs are listed below:

Infinitive	*Past*	*Past participle*	
äta	åt	ätit	eat
bjuda	bjöd	bjudit	invite/offer
bära	bar	burit	carry
dricka	drack	druckit	drink
dö	dog	dött	die
falla	föll	fallit	fall
fara	for	farit	travel, go
finna	fann	funnit	find (note: det finns – there is)
flyga	flög	flugit	fly
frysa	frös	frusit	be cold/freeze
ge (or giva)	gav	givit, gett	give
gråta	grät	gråtit	cry
gå	gick	gått	walk, go
göra	gjorde	gjort	do, make
hinna	hann	hunnit	'make', catch (Did you make the train? Hann du med tåget?)
komma	kom	kommit	come
le	log	lett	smile

ligga	låg	legat	lie (rest)
lägga	la(de)	lagt	put
nysa	nös	nysit	sneeze
rida	red	ridit	ride on horseback
rinna	rann	runnit	flow
se	såg	sett	see, look
sitta	satt	suttit	sit
sjunga	sjöng	sjungit	sing
skina	sken	skinit	shine
skriva	skrev	skrivit	write
sova	sov	sovit	sleep
springa	sprang	sprungit	run
stjäla	stal	stulit	steal
stå	stod	stått	stand
supa	söp	supit	drink liquor
säga	sa(de)	sagt	say
sälja	sålde	sålt	sell
sätta	satte	satt	put (note: to sit down – att sätta sig)
ta(ga)	tog	tagit	take
veta	visste	vetat	know (a fact)
välja	valde	valt	choose

Below is a list of *auxiliary verbs* (verbs that are used to form compound tenses, e.g. jag har gått – I have gone)

Infinitive	*Present*	*Past*	*Past participle*	
ha(va)	har	hade	haft	have
vara	är	var	varit	be
ska(ll)	ska(ll)	skulle	–	shall, will
kunna	kan	kunde	kunnat	can, be able to

–	måste	måste	–	must
vilja	vill	ville	velat	want to
bli(va)	blir	blev	blivit	become
få	får	fick	fått	may

e.g. Kan du komma ikväll? – Can you come tonight?

Får jag bjuda på en kopp kaffe? – May I offer you a cup of coffee?

Jag har varit sjuk – I have been ill

There are a few *reflexive verbs* in Swedish. Unlike the English 'to wash oneself', for which 'to wash' can be substituted without any change in meaning, the Swedish reflexive verbs convey their reflexive meaning only in conjunction with a reflexive pronoun.

Infinitive
att raka sig – to shave (oneself)

Present		*Past*	
jag rakar **mig**	I shave	jag rakade mig	I shaved
du rakar **dig**	you shave	*Perfect*	
han rakar **sig**	he shaves	jag har rakat mig	I have shaved
vi rakar **oss**	we shave	*Future*	
ni rakar **er**	you shave	jag ska raka mig	I will shave
de rakar **sig**	they shave		

Some other examples: gifta sig – marry, lära sig – learn, skynda sig – hurry, sätta sig – sit down, tvätta sig – have a wash, vänta sig – expect

Swedish often uses the present tense to indicate future

e.g. Jag reser i morgon – I will leave/am leaving tomorrow

Swedish does not use the English construction with 'do' in a negative sentence or in a question

Tyckte du om filmen? – Did you like the film? (Liked you the film?)
Jag såg den inte – I didn't see it (I saw it not)

WORD ORDER
The word order in Swedish is more or less the same as in English, with two important exceptions. In the sentence

Fru Gustafsson är hemma **nu** – Mrs Gustafsson is at home now
the word order is the same as in English. But if we want to put 'now' (or any other adverbial expression) at the beginning of the sentence, we get inverted word order (i.e. the subject and the verb change places):

Nu är fru Gustafsson hemma – Now is Mrs Gustafsson at home
Igår var jag på bio – Yesterday went I to the pictures
Similarly with a dependent clause:

Ni kan åka buss, **om ni har bråttom** – You can go by bus, if you are in a hurry
Om ni har bråttom, kan ni åka buss – If you are in a hurry, can you go by bus

FIRST THINGS

Essentials

Yes	Ja
No	Nej
Please	Varsågod
Thank you	Tack

Questions and requests

Where is/are . . . ?	Var är . . . ?
When?	När?
How much is/are . . . ?	Hur mycket kostar . . . ?
How far?	Hur långt?
What's that?	Vad är det?
What do you want?	Vad vill ni/du?[1]
What must I do?	Vad ska jag göra?
Have you . . ./do you sell . . . ?	Har ni . . ./säljer ni . . . ?
Is/are there . . . ?	Finns det . . . ?
Have you seen . . . ?	Har ni sett . . . ?

1. Either 'ni' or 'du' may be used throughout. See PERSONAL PRONOUNS (p. 16).

May I have . . . ?	Kan jag få . . . ?
I want/should like . . .	Jag vill/skulle vilja . . .
I don't want . . .	Jag vill inte . . .

Useful statements

Here is/are . . .	Här är . . .
I like it/them	Jag tycker om det/dem
I don't like it	Jag tycker inte om det
I know	Jag vet
I don't know	Jag vet inte
I didn't know	Det visste jag inte
I think so	Det tror jag
I'm hungry	Jag är hungrig
I'm thirsty	Jag är törstig
I'm tired	Jag är trött
I'm in a hurry	Jag har bråttom
I'm ready	Jag är färdig
Leave me alone	Lämna mig ifred
Just a moment	* Ett ögonblick bara
This way, please	* Den här vägen

Take a seat	* Slå er ner
Come in!	* Stig in!
It's cheap	Det är billigt
It's too expensive	Det är för dyrt
That's all	Det var allt
You're right	Ni har rätt
You're wrong	Ni har fel
Thank you for your help	Tack för hjälpen

Language problems

I'm English/American	Jag är engelsman/amerikan
Do you speak English?	Kan ni tala engelska?
I don't speak ...	Jag kan inte tala ...
I don't understand	Jag förstår inte
Would you say that again, please?	Skulle ni vilja upprepa det?
Please speak slowly	Var snäll och tala långsamt
What is it called in Swedish?	Vad heter det på svenska?

Polite phrases

Sorry	Förlåt
Excuse me	Ursäkta (mig)
That's all right	Det gör ingenting
Not at all	För all del
Don't mention it (*after thanks*)	Ingen orsak
Don't worry	Oroa er inte för det
It doesn't matter	Det spelar ingen roll
I beg your pardon?	Hur sa?
Am I disturbing you?	Stör jag?
I'm sorry to have troubled you	Förlåt att jag besvärade
Good/that's fine	Bra/det är utmärkt
It's nice/beautiful	Det är trevligt/vackert

Greetings and hospitality

Good morning/good day	Godmorgon/goddag
Good afternoon	God eftermiddag

Good evening	God kväll
Good night	Godnatt
Hallo	Hej (*on the phone:* Hallå)
How are you?	Hur står det till?
Very well, thank you	Tack, bara bra
Good-bye	Adjö (Hej då *to a friend*)
See you soon	Vi ses snart igen
See you tomorrow	Vi ses imorgon
Have you met my wife?	Har ni träffat min fru?[1]
This is my husband	Detta är min man[2]
May I introduce you to ...	Får jag presentera ...
My name is ...	Jag heter ...
Glad to know you	Roligt att träffas
What's your name?	Vad heter ni?
What's your address?	Vad är er adress?
What's your telephone number?	Vad är ert telefonnummer?
Where are you staying?	* Var bor ni?
Where are you from?	* Varifrån kommer ni?
Make yourself comfortable	* Känn er som hemma
Help yourself	* Ta för er/varsågod
Would you like a drink?	* Vill ni ha någonting att dricka?

1. Two other frequently used words for wife are 'hustru' and 'maka'.
2. 'Make' is an alternative word for husband.

Do you smoke?	Röker ni?
Can I offer you anything?	* Får jag bjuda på någonting?
Can I help?	Kan jag hjälpa till?
Are you doing anything this evening?	Är ni upptagen ikväll?
Could we have coffee/dinner together?	Skulle ni vilja dricka kaffe/äta middag med mig?
Would you like to go to the museum/for a walk/dancing with me?	Skulle ni vilja gå på museet/på en promenad/ut och dansa med mig?
Thanks for a pleasant evening/week	Tack för en trevlig kväll/vecka
Thanks for the invitation	Tack för inbjudan
Bon voyage	Lycklig resa!
Good luck/all the best	Lycka till!

SIGNS AND PUBLIC NOTICES[1]

Att hyra	To let
Bank	Bank
Damer	Ladies
Drag	Pull
Dricksvatten	Drinking water
Ej dricksvatten	Not for drinking
Endast stående	Standing room only
Fara	Danger
Fotgängare	Pedestrians
Fritt inträde	Admission free
Fullbelagt	No vacancies
Fullsatt	House full (cinema, etc.)
Får icke/ej vidröras	Do not touch
Förbjuden ingång	No entry
Guide	Guide
Herrar	Gentlemen
Håll till höger/vänster	Keep right/left
Ingång	Entrance
Iakttag försiktighet	Caution
Information	Information
Kassa/kassör	Cashier
(Var god/v.g.) knacka	Knock

1. See also ROAD SIGNS (p.51) and SIGNS AT STATIONS (p.40)

Ledigt	Vacant/free/unoccupied
Ni ombedes att inte ...	You are requested not to ...
Nödutgång	Emergency exit
Polisstation	Police station
Post(kontor)	Post office
Privat	Private
Reserverat/reserverad plats	Reserved
(Var god/v.g.) ring	Ring
Rum att hyra	Room to let
Rökning förbjuden	No smoking
Skjut	Push
Stängt	Closed
Tillträde förbjudet	No admission
Toalett	Lavatory/toilet
Tolk	Interpreter
Upplysningar	Information
Upptaget	Engaged/occupied
Utgång	Exit
Utsålt	House full (cinema, etc.)
Öppet	Open
Överträdelse åtalas	Trespassers will be prosecuted

Some useful abbreviations

dagl.	dagligen	daily
em	eftermiddagen	in the afternoon
fm	förmiddagen	in the morning
fr.o.m.	från och med	from and including
hpl	hållplats	bus stop
jvgstn	järnvägsstation	railway station
kr.	kronor	(Swedish) crowns
obs	observera	note (N.B.)
osv	och så vidare	and so on
SJ	Statens Järnvägar	Swedish railways
s.o.h.	sön- och helgdagar	Sundays and Bank Holidays
T-bana	tunnelbana	underground
t.o.m.	till och med	until and including
t.o.r.	tur och retur	return (ticket)
vard.	vardagar	weekdays
v.g.	var god	please

MONEY[1]

Is there an exchange bureau near here?	Finns det ett växelkontor i närheten?
Do you change travellers' cheques?	Växlar ni in resecheeker?
Where can I change travellers' cheques?	Var kan jag växla in resecheeker?
I want to change some pounds/dollars	Jag skulle vilja växla några pund/dollar
How much do I get for a pound/dollar?	Hur mycket får jag för ett pund/en dollar?
Can you give me some small change?	Kan ni ge mig lite småväxel?
Sign here, please	* Var snäll och underteckna/skriv på här
Go to the cashier	* Gå till kassören/kassörskan (Gå till kassan)

CURRENCY TABLE

1 krona = 100 öre	
1 kr. = 8p	1 kr. = 20 cents
10 kr. = 80p	10 kr. = $2
50 kr. = £4·03	50 kr. = $10
100 kr. = £8·08	100 kr. = $20
£1 = kr. 12·40	$1 = kr. 5·17

These rates of exchange are approximate only and subject to variation.

1. Banks are open from 9.00 to 15.00 Monday to Friday. Some open in the evening from 16.30 to 18.00.

TRAVEL

On arrival

Customs	* Tull
Passport control	* Passkontroll
Your passport, please	* Kan jag få se ert pass, tack
May I see your green card please?	* Kan jag få se ert gröna kort, tack
Are you together?	* Är ni sällskap?
I'm travelling alone	Jag reser ensam
I'm travelling with my wife/a friend	Jag reser med min fru/en god vän
I'm here on business/on holiday	Jag är här i affärer/på semester
What is your address in Stockholm?	* Vad är er adress i Stockholm?
How long are you staying here?	* Hur länge tänker ni stanna?
How much money have you got?	* Hur mycket pengar har ni?
I have . . . kronor/pounds/dollars	Jag har . . . kronor/pund/dollar
Which is your luggage?	* Vilket är ert bagage?
Have you anything to declare?	* Har ni någonting att förtulla?
This is my luggage	Detta är mitt bagage
I have only my personal things in it	Jag har bara personliga tillhörigheter där

Open this bag, please	* Var snäll och öppna den här väskan
Can I shut my case now?	Kan jag stänga väskan nu?
May I go?	Får jag gå?
Where is the information bureau, please?	Kan ni säga mig var informationen/upplysningen finns?
Porter, here is my luggage	Skulle ni kunna ta mitt bagage?
What's the price for each piece of luggage?	Vad kostar det per väska?
I shall take this myself	Det här tar jag själv
That's not mine	Det är inte mitt
Would you call a taxi?	Skulle ni kunna skaffa en taxi?
How much do I owe you?	Hur mycket är jag skyldig?

Buying a ticket

Where's the nearest travel agency?	Var finns närmaste resebyrå?
Have you a timetable, please?	Ursäkta, har ni en tidtabell?
What's the tourist return fare to . . . ?	Hur mycket kostar en turistbiljett tur och retur till . . . ?

How much is it first class to . . . ?	Hur mycket kostar det första klass till . . . ?
A second-class single to . . .	En andra klass enkel till . . .
Three singles to . . .[1]	Tre enkla till . . .
A return to . . .	En returbiljett till . . .
How long is this ticket valid?	Hur länge gäller den här biljetten?
A book of tickets, please	Kan jag få ett rabatthäfte, tack
Is there a supplementary charge?	Tillkommer det någon extra avgift?
Must I book in advance?	Behöver jag beställa platsbiljett i förväg?

Signs to look for at stations, termini, etc.

Arrivals	Ankommande tåg/flyg
Booking office	Biljetter/biljettkontor
Buses	Bussar/busstation
Connections	Anslutningar
Departures	Avgående tåg/flyg

1. For children below the age of twelve there is usually a reduced fare: 'halv biljett'. Babies and toddlers travel free. For a return ticket you pay less than twice a single ticket. The same goes for country buses, but not for city bus traffic.

Exchange	Växelkontor
Gentlemen	Herrar
Goods office	Fraktgods
Inquiries	Upplysningar
Ladies' room	Damer
Left luggage	Effektförvaring
Lost property	Hittegods
Main lines	Huvudlinje
Non-smoker	Icke rökare/rökning förbjuden
Refreshments	Buffet
Reservations	Platsbeställning
Smoker	Rökare/rökning tillåten
Suburban lines	Lokaltåg
Taxis	Taxi
Tickets	Biljetter
Underground	Tunnelbana/T-bana
Waiting room	Väntsal

By train and underground[1]

RESERVATIONS AND INQUIRIES

Where's the railway station?	Ursäkta, kan ni säga mig var järnvägs-stationen ligger?
Two seats on the 11.15 tomorrow to ...	Två platsbiljetter på elva och femton-tåget i morgon till ...
I want to reserve a sleeper	Kan jag få en sovvagn
How much does a couchette cost?	Hur mycket kostar en couchette?
I want to register this luggage through to ...	Jag skulle vilja pollettera det här bagaget till ...
Is it an express or a local train?[2]	Är det expresståg eller lokaltåg?

1. For help in understanding the answers to these and similar questions see TIMES AND DATES (p. 128), NUMBERS (p. 132), DIRECTIONS (p. 49).

2. Trains are classified as follows:

Expresståg	– express trains, the fastest variety. On top of the ordinary price for the ticket, you pay a compulsory seat reservation – 'platsbiljett'.
Snälltåg	– fast trains, not quite as fast as above. Fast train charge – 'snälltågstillägg' – is compulsory.
Lokaltåg	– stopping trains, on suburban or longer lines.
Motorvagnståg	– diesel trains, operate both as snälltåg and lokaltåg.
Godståg	– goods trains.

Note also that on some trains there are 'barnkupéer', compartments that are specially equipped to cater for the needs of mothers with young babies. They must be booked three hours in advance.

Is there an earlier/later train?

Is there a restaurant car on the train?

Går det något tidigare/senare tåg?

Finns det restaurangvagn på tåget?

CHANGING

Is there a through train/carriage to ... ?

Do I have to change?

Where do I change?

What time is there a connection to ... ?

Går det direkttåg/direktvagn till ... ?

Behöver jag byta?

Var ska jag byta?

Hur dags finns det anslutning till ... ?

DEPARTURE

When does the train leave?

Which platform does the train to ... leave from?

Is this the train for ... ?

Hur dags går tåget?

Från vilken plattform går tåget till ... ?

Är detta tåget till ... ?

ARRIVAL

When does it get to ... ?

Does the train stop at ... ?

How long do we stop here?

Is the train late?

When does the train from ... get in?

Hur dags kommer det till ... ?

Stannar tåget i ... ?

Hur länge stannar vi här?

Är tåget försenat?

Hur dags kommer tåget från ... in?

At which platform?	På vilken plattform?

ON THE TRAIN

We have reserved seats	Vi har reserverat sittplatser
Is this seat free?	Är den här platsen ledig?
This seat is taken	Den här platsen är upptagen

By air

Where's the SAS office?	Var finns SAS kontoret?
I'd like to book two seats on Monday's plane to . . .	Jag skulle vilja boka två biljetter på flyget till . . . på måndag
Is there a flight to . . . next Thursday?	Går det något flyg till . . . nästa torsdag?
When does it leave/arrive?	Hur dags går det/kommer det fram?
When does the next plane leave?	När går nästa plan?
Is there a coach to the airport?	Finns det buss till flygplatsen?
When must I check in?	Hur dags ska man checka in?
Please cancel my reservation to . . .	Jag skulle vilja inställa min bokning till . . .

| I'd like to change my reservation to . . . | Jag skulle vilja ändra min bokning till . . . |

By ship

Is there a boat/car ferry from here to . . . ?	Går det någon båt/bilfärja härifrån till . . . ?
How long does it take to get to . . . ?	Hur lång tid tar det att komma till . . . ?
How often do the boats leave?	Hur ofta går båtarna?
What time is the next ferry?	Hur dags går nästa färja?
Where does the boat put in?	Var lägger båten till?
Does it call at . . . ?	Går den in till . . . ?
When does the next boat leave?	Hur dags går nästa båt?
Can I book a single berth cabin?	Finns det enkelhytter?
How many berths are there in this cabin?	Hur många kojer (sovplatser) är det i den här hytten?
When must we go on board?	Hur dags ska man gå ombord?
When do we dock?	Hur dags är vi i hamn?
How long do we stay in port?	Hur länge ligger vi i hamn?

By bus or coach

Where's the bus station?	Var ligger buss-stationen?
Where's the coach station?	Var ligger SJ:s (pronounced: es-ye) buss-station?
Bus stop[1]	Busshållplats
When does the coach leave?	Hur dags går bussen?
What time do we get to . . . ?	Hur dags är vi framme i . . . ?
What stops does it make?	Var stannar den?
Is it a long journey?	Är det en lång resa?
We want to make a sight-seeing tour round the city	Vi skulle vilja göra en rundtur av stan
Is there an excursion to . . . tomorrow?	Går det någon tur till . . . imorgon?
What time is the next bus?	När går nästa buss?
How often does the 25 run?	Hur ofta går tjugofemmans buss?
Has the last bus gone?	Har sista bussen gått?
Does this bus go to the centre?	Går denna bussen till centrum?
Does this bus go to the beach?	Går denna bussen till stranden?
Does this bus go to the station?	Går denna bussen till stationen?

1. All bus stops in Sweden are request stops. There is no special word for 'request stop'.

Does it go near . . . ?	Kommer den förbi . . . ?
Where can I get a bus to . . . ?	Var går bussen till . . . ?
I want to go to . . .	Jag skulle vilja åka till . . .
Where do I get off?	Var ska jag stiga av?
The bus to . . . stops over there	★ Bussen till . . . stannar där borta
A number 30 goes to . . .	★ Nummer trettio går till . . .
You must take a number 24	★ Ta buss nummer tjugofyra
You get off at the next stop	★ Stig av vid nästa hållplats
The buses run every ten minutes/every hour	★ Bussarna går var tionde minut/varje timme

By taxi

Are you free?	Är ni ledig?
Please take me to the station/ Hotel Central/this address	Var snäll och kör mig till stationen/till Hotell Central/ till den här adressen
Can you hurry, I'm late	Jag har bråttom
I want to go through the centre	Jag skulle vilja åka genom centrum

Please wait a minute	Var snäll och vänta här ett ögonblick
Stop here	Stanna här
Is it far?	Är det långt?
How much do you charge by the hour/for the day?	Hur mycket kostar det per timme/för en hel dag?
I'd like to go to .... How much would you charge?	Jag skulle vilja åka till .... Hur mycket skulle det bli?
How much is it?	Hur mycket kostar det?
That's too much	Det är för mycket
I am not prepared to spend that much	Så mycket har jag inte råd med
It's a lot, but all right	Det är mycket, men kör till

DIRECTIONS

Where is ... ?	Var ligger ... ?
Is this the way to ... ?	Är detta vägen till ... ?
Which is the road for ... ?	Vilken är vägen till ... ?
How far is it to ... ?	Hur långt är det till ... ?
How many kilometres?	Hur många kilometer?
We want to get on to the motorway to ...	Vi vill komma ut på motorvägen (autostradan) till ...
Which is the best road to ... ?	Vilken är den bästa vägen till ... ?
Is it a good road?	Är det en bra väg?
Is it a motorway?	Är det motorväg?
Is there any danger of avalanches?	Är det någon risk för laviner?
Will we get to ... by evening?	Kan vi vara framme i ... i kväll?
Where are we now?	Var är vi nu?
Please show me on the map	Var snäll och visa på kartan
It's that way	* Det är åt det hållet
It isn't far	* Det är inte långt
Follow this road for 5 kilometres	* Följ den här vägen i fem kilometer
Keep straight on	* Forsätt rakt fram
Turn right at the crossroads	* Ta till höger vid vägkorsningen
Take the second road on the left	* Ta den andra vägen till vänster
Turn right at the traffic-lights	* Ta till höger vid trafikljusen

Turn left after the bridge	* Ta till vänster efter bron
The best road is . . .	* Den bästa vägen är . . .
Take this road as far as . . . and ask again	* Följ denna vägen till . . . och fråga sedan igen

MOTORING

Where can I hire a car?	Var kan man hyra en bil?
I want to hire a car and a driver	Jag vill hyra en bil med chaufför
How much is it by the hour/day/week?	Hur mycket kostar det per timme/dag/vecka?
Have you a road map, please?	Kan jag få en vägkarta, tack
Where is a car park?	Var finns det en parkeringsplats?
Can I park here?	Får man parkera här?
How long can I park here?	Hur länge får man stå parkerad här?
May I see your licence, please?	* Kan jag få se på ert körkort?

Road signs

Brant lutning	Steep hill
Enkelriktat	One-way street
Fara	Danger
Förbjuden infart	No entry
Hastighetsbegränsning/fartgräns	Speed limit
Håll till höger	Keep right
Iakttag försiktighet/kör försiktigt	Drive with care
Omkörning förbjuden	No overtaking

Parkering	Parking allowed/car park
Parkering förbjuden	No parking
Slingrande väg	Winding road
Trafiken omdirigerad	Diversion
Vägarbete pågår	Road works ahead
Vägen avstängd	Road closed
Välj fil	Get in lane
Återvändsgata	Dead end

At the garage

Where is the nearest petrol station?	Var ligger närmaste bensinstation?
How far is the next petrol station?	Hur långt är det till närmaste bensinstation?
30 litres of petrol, and please check the oil and water	Trettio liter bensin, tack, och skulle ni vilja kontrollera oljan och kylarvätskan
Fill her up	Full tank
How much is petrol a litre?	Vad kostar bensinen per liter?
The oil needs changing	Jag behöver byta olja

Check the tyre pressure, please[1]	Skulle ni vilja kontrollera lufttrycket i däcken
Please change the tyre	Skulle ni vilja byta ut det här däcket
This tyre is flat	Det är ingen luft i däcket
I have a puncture	Jag har en punktering
The valve is leaking	Ventilen läcker
The radiator is leaking	Kylaren läcker
Please wash the car	Var snäll och tvätta bilen
Can I garage the car here?	Har ni ett garage där jag kan ställa in bilen?
What time does the garage close?	Hur dags stänger verkstaden?

Repairs

Where is there an Austin agency?	Var finns en Austin-återförsäljare?
Have you a breakdown service?	Har ni någon reparationsverkstad?
Is there a mechanic?	Har ni någon bilmekaniker?
My car's broken down, can you send someone to tow it?	Min bil har gått sönder, kan ni skicka en bärgningsbil?

1. See p. 61.

I want the car serviced	Jag skulle vilja lämna in bilen för service
The battery is flat, it needs charging	Batteriet är urladdat, det behöver laddas upp
I've lost my car key	Jag har blivit av med bilnyckeln
The lock is broken/jammed	Låset har gått sönder/har hakat upp sig
My car won't start	Bilen vill inte starta
It's not running properly	Den går inte som den ska
The engine is overheating	Motorn har gått för varm/ motorn kokar
The engine is firing badly	Motorn tänder dåligt
The engine knocks	Motorn hackar
Can you change this plug?	Kan ni byta ut det här tändstiftet?
There's a petrol/oil leak	Bensinen/oljan läcker
There's a smell of petrol/rubber	Det luktar bensin/gummi
The radiator is blocked	Det är stopp i kylaren
The radiator is leaking	Kylaren läcker
Something is wrong with my car/the engine/the lights/the clutch/the gearbox/the brakes/the steering	Det är något fel på min bil/motorn/ljuset/ kopplingen/växellådan/ bromsarna/styrningen
There's a squeak/whine/rumble/ rattle	Det är ett gnisslande/tjutande/ skorrande/skramlande ljud

It's a high/low noise	Det är ett starkt/svagt ljud
It's intermittent/continuous	Det kommer och går/är ihållande
The carburettor needs adjusting	Förgasaren behöver justeras
Can you repair it?	Kan ni laga det?
How long will it take to repair?	Hur lång tid kommer det att ta att laga det?
What will it cost?	Hur mycket kommer det att kosta?
When can I pick the car up?	När kan jag hämta bilen?
I need it as soon as possible	Jag behöver den så snart som möjligt
I need it in three hours/ tomorrow morning	Jag behöver den om tre timmar/i morgon bitti
It will take two days	* Det kommer att ta två dagar
We can repair it temporarily	* Vi kan laga den provisoriskt
We haven't the right spares	* Vi har inte de rätta reservdelarna
We have to send for the spares	* Vi måste skicka efter reservdelarna
You will need a new ..	* Ni måste ha en ny (ett nytt) ...

Parts of a car and other vocabulary useful in a garage

(The definite form is given after each noun)

accelerate (to)	öka
accelerator	en gaspedal, –en
alignment	en justering, –en
anti-freeze	anti-frysvätska, –n
automatic transmission	en automatväxel, –n
axle	en hjulaxel, –n
battery	ett batteri, –et
bonnet/hood	en motorhuv, –en
boot/trunk	en bagagelucka, –n ett bagageutrymme, –t
brake	en broms, –en
disc brakes	skivbromsar
drum brakes	trumbromsar
footbrake	en fotbroms, –en
handbrake	en handbroms, –en
brake fluid	bromsolja, –n

brake lights	bromsljus/stopplyktor
bumper	en stötfångare, –n
	en kofångare, –n/
carburettor	en förgasare, –n
carwash	biltvätt, –en
choke	en choke, –n
clutch	en koppling, –en
clutch plates	kopplingslameller
coil	en spole, –n
condenser	en kondensator, –n
crankshaft	en vevaxel, –n
cylinder	en cylinder, –n
differential gear	en differentialväxel, –n
dipstick	en oljesticka, –n
distilled water	destillerat vatten
distributor	en fördelare, –n
door	en dörr, –en
doorhandle	ett dörrhandtag, –et
drive (to)	köra
driver	en förare, –n/
	en chauffför, –en
dynamo	en dynamo, –n
electrical trouble	elektriskt fel

engine	en motor, –n
exhaust	avgas, –en
fan	en fläkt, –en
fanbelt	en fläktrem, –men
foglamp	ett dimljus, –et
fusebox	en säkringsdosa, –n
gasket	en packning, –en
gear	en växel, –n
gearbox	en växellåda, –n
gear-lever	en växelspak, –en
grease (to)	smörja/olja
headlights	strålkastare
heater	en värmeapparat, –en
horn	ett signalhorn, –et/ en tuta, –n
hose	en slang, –en
ignition	tändning, –en
ignition coil	en tändspole, –n
ignition key	en tändningsnyckel, –n
indicator	en körriktningsvisare, –n
inner tube	en innerslang, –en
jack	en domkraft, –en
lights	ljus/lyktor

lock/catch	ett lås, –et/en hake, –n
mechanical trouble	mekaniskt fel
mirror	en spegel, –n
number-plate	en nummerplåt, –en
nut	en mutter, –n
oil	olja, –n
oil pressure	oljetryck, –et
overdrive	en överväxel, –n
parking lights	parkeringsljus
petrol	bensin, –en
petrol can	en bensindunk, –en
petrol pump	en bensinpump, –en
petrol tank	en bensintank, –en
piston	en kolv, –en
piston ring	en kolvring, –en
points	brytarspetsar
propeller shaft	en kardanaxel, –n
puncture	en punktering, –en
radiator	en kylare, –n
rear axle	en backaxel, –n
rear lights	bakljus/baklytor
reverse (to)	backa
reverse gear	backväxel, –n

roof-rack	ett takräcke, –t
seat	ett säte, –t
shock-absorber	en stötdämpare, –n
sidelights	positionsljus
silencer	en ljuddämpare, –n
spanner	en skiftnyckel, –n
spares	reservdelar
spare wheel	ett reservdäck, –et
(sparking) plug	ett tändstift, –et
speed	hastighet, –en
speedometer	en hastighetsmätare, –n
spring	en fjäder, –n
stall (to)	att få motorstopp
starter	en startknapp, –en
steering	styrning, –en
steering-wheel	en ratt, –en
sunroof	ett soltak, –et
switch	en kontakt, –en
tank	en tank, –en
tappets	ventillyftare
transmission	utväxling, –en
tyre	ett däck, –et
tyre pressure	ringtryck, –et

valve	en ventil, –en
water pump	en vattenpump, –en
wheel	ett hjul, –et
window	ett fönster, fönstret
windscreen	en vindruta, –n
windscreen washers	vindrutespolare
windscreen wipers	vindrutetorkare
wing	en stänkskärm, –en

Tyre pressure

lb. per sq. in.	kg. per sq. cm.	lb. per sq. in.	kg. per sq. cm.
16	1·1	36	2·5
18	1·3	39	2·7
20	1·4	40	2·8
22	1·5	43	3·0
25	1·7	45	3·1
29	2·0	46	3·2
32	2·3	50	3·5
35	2·5	60	4·2

A rough way to convert lb. per sq. in. to kg. per sq. cm.: multiply by 7 and divide by 100.

ACCOMMODATION[1]

Booking a room

Rooms to let/vacancies	* Rum att hyra
No vacancies	* Fullbelagt
Have you a room for the night?	Har ni något ledigt rum för natten?
I've reserved a room; my name is . . .	Jag har bokat/reserverat ett rum; mitt namn är . . .
Can you suggest another hotel?	Känner ni till något annat hotell?
I want a single room with a shower	Jag skulle vilja ha ett enkelrum med dusch
Have you got a sauna-bath?	Hur ni en bastu?
We want a room with a double bed and a bathroom	Vi skulle vilja ha ett rum med dubbelsäng och badrum
Have you a room with twin beds?	Har ni något rum med två enkelsängar?
I want a room for two or three days/a week/until Friday	Jag skulle vilja hyra ett rum för två, tre dagar/en vecka/till fredag
What floor is the room on?[2]	På vilken våning är rummet?
Is there a lift/elevator?	Finns det hiss?

1. See also LAUNDRY AND CLEANING, p. 106, and RESTAURANT, p. 69.
2. Ground floor is bottenvåningen or första våningen. First floor is andra våningen, etc.

Have you a room on the first floor?

Har ni något rum på andra våningen?

May I see the room?

Kan jag få titta på rummet?

I like this room, I'll take it

Det här rummet är trevligt, jag tar det

I don't like this room

Jag tycker inte om det här rummet

Have you another one?

Har ni något annat?

I want a quiet room

Jag skulle vilja ha ett tyst rum

There's too much noise

Det är för bullrigt

I'd like a room with a balcony

Jag skulle vilja ha ett rum med balkong

Have you a room looking on to the street/sea?

Har ni något rum som vetter åt gatan/havet?

We've only a double room

* Vi har bara ett dubbelrum

This is the only room vacant

* Detta är det enda rummet som är ledigt

We shall have another room tomorrow

* Vi får ett rum till i morgon

The room is only available tonight

* Rummet är bara ledigt för i natt

How much is the room per night?

Hur mycket kostar rummet per natt?

Have you nothing cheaper?

Har ni ingenting billigare?

Are service and tax included? | Är service (betjäning) inräknat i priset?

How much is the room without meals? | Hur mycket kostar rummet utan måltider?

How much is full board/half board? | Hur mycket kostar helpension/halvpension?

Is breakfast included in the price? | Ingår frukost i priset?

In your room

Could we have breakfast in our room, please? | Kan vi få frukost på rummet?

Please wake me at 8.30 | Var snäll och väck mig klockan halv nio

There's no ashtray in my room | Det finns inget askfat i mitt rum

Can I have more hangers, please? | Kan jag få fler klädhängare?

Is there a point for an electric razor? | Finns det något uttag för elektrisk rakapparat?

What's the voltage? | Vad är det för ström?

Where is the bathroom/the lavatory? | Var finns badrummet/toaletten?

Is there a shower? | Finns det någon dusch?

There are no towels in my room	Det finns inga handdukar i mitt rum
There's no soap	Det finns ingen tvål
There's no water	Det finns inget vatten
There's no plug in my washbasin	Det finns ingen propp i handfatet
There's no toilet paper in the lavatory	Det finns inget toalettpapper på toaletten
The lavatory won't flush	Det går inte att spola på toaletten
May I have the key to the bathroom, please?	Kan jag få nyckeln till badrummet?
May I have another blanket/another pillow?	Kan jag få en filt till/en kudde till?
These sheets are dirty	De här lakanen är smutsiga
I can't open my window, please open it	Jag kan inte öppna fönstret, skulle ni vilja vara snäll och göra det
It's too hot/cold	Det är för varmt/kallt
Can the heating be turned up/turned down/turned off?	Går det att vrida upp/vrida ner/stänga av värmen?
Is the room air-conditioned?	Har rummet luftkonditionering?
The air-conditioning doesn't work	Luftkonditioneringen fungerar inte
Come in!	Stig in!

Put it on the table, please	Kan ni ställa det på bordet
Would you clean these shoes, please?	Skulle ni kunna borsta/putsa de här skorna?
Would you clean this dress, please?	Skulle ni kunna få den här klänningen tvättad?
Would you press this suit, please?	Skulle ni kunna få den här kostymen pressad?
When will it be ready?	När blir det färdigt?
It will be ready tomorrow	* Det blir färdigt i morgon

At the porter's desk

My key, please	Kan jag få min nyckel
Are there any letters for me?	Har det kommit någon post till mig?
Are there any messages for me?	Har det lämnats något meddelande till mig?
If anyone phones, tell them I'll be back at 4.30	Om någon skulle ringa, vill ni säga att jag är tillbaka klockan halv fem
No one telephoned	* Ingen har ringt
There's a lady/gentleman to see you	* En dam/herre söker er

Please ask her/him to come up	Vill ni be henne/honom komma upp hit
I'm coming down	Jag kommer ner
Have you any writing-paper/ envelopes/stamps?	Har ni brevpapper/kuvert/ frimärken?
Please send the chambermaid/ the waiter	Var snäll och be städerskan/ kyparen komma hit
I need a guide/an interpreter	Jag behöver en guide/en tolk
Where is the dining-room?	Var finns matsalen?
What time is breakfast/lunch/ dinner?	Hur dags är det frukost/lunch/ middag?
Is there a garage?	Finns det något garage?
Is the hotel open all night?	Är hotellet öppet hela natten?
What time does it close?	Hur dags stänger det?
Can you provide a baby-sitter?	Kan ni skaffa en barnvakt?

Departure

I have to leave tomorrow	Jag måste resa i morgon
Can you have my bill ready?	Skulle ni kunna ha notan/ räkningen färdig?

I shall be coming back on ... ;
can I book a room for that
date?

Jag kommer tillbaka på ... ;
går det att boka ett rum för
det datumet?

Could you have my luggage
brought down?

Kan ni se till att mitt bagage
kommer ner?

Please call a taxi for me

Skulle ni kunna beställa en
taxi åt mig?

Thank you for a pleasant stay

Tack för en trevlig vistelse

RESTAURANT

Going to a restaurant

Can you suggest a good restaurant/a cheap restaurant/a vegetarian restaurant?	Känner ni till någon bra restaurang/någon billig restaurang/någon restaurang för vegetarianer?
I'd like to book a table for four at 1 o'clock	Jag skulle vilja beställa ett bord för fyra till klockan ett
I've reserved a table; my name is . . .	Jag har beställt bord; mitt namn är . . .
Have you a table for three?	Har ni något bord för tre?
Is there a table free on the terrace?	Finns det något bord ledigt på terrassen?
This way, please	* Varsågod, den här vägen
We shall have a table free in half an hour	* Vi får ett bord om en halvtimme
We don't serve lunch until 12.30	* Vi serverar inte lunch förrän klockan halv ett
We don't serve dinner until 8	* Vi serverar inte middag förrän klockan åtta
We stop serving at 11 o'clock	* Vi slutar servera klockan elva
Where is the cloakroom?	Var finns kapprummet?
It is downstairs	* Det är nerför trappan

We are in a hurry	Vi har bråttom
Do you serve snacks?	Serverar ni smårätter?
That was an excellent meal	Det var verkligen gott
We shall come again	Vi kommer hit fler gånger

Ordering

Service charge	* Serviceavgift
Cover charge	* Kuvertavgift
Waiter/waitress	Kypare/servitris
I want to see the head waiter	Jag skulle vilja tala med hovmästaren
May I see the menu/the wine list, please?	Kan jag få se på matsedeln (or menyn)/vinlistan?
Is there a set menu for lunch?	Finns det en särskild matsedel för lunch?
What do you recommend?	Vad kan ni rekommendera?
Can you tell me what this is?	Kan ni säga mig vad det här är?
What are the specialities of the restaurant/of the region?	Vad är restaurangens/traktens specialiteter?
Would you like to try . . . ?	* Får jag föreslå . . . ?
There's no more . . .	* . . . är slut

I'd like ...	Jag skulle vilja ha ...
Is it hot or cold?	Är det varmt eller kallt?
This isn't what I ordered, I want ...	Det här är inte vad jag beställde, jag ville ha ...
I don't want any oil/sauce with it	Jag vill inte ha någon olja/sås till
Some more bread, please	Kan vi få lite mera bröd, tack
A little more, please	Lite mer, tack
This is bad/uncooked/stale	Det här är skämt/inte genomkokt/gammalt
Do you serve half-portions for children?	Har ni halvportioner för barn?

Drinks

What will you have to drink?	Vad önskar ni att dricka?
A bottle of house wine, please	En flaska av husets vin, tack
Do you serve wine by the glass?	Serverar ni vin per glas?
Two glasses of beer, please	Två glas öl, tack
Do you have draught beer?	Har ni fatöl?
Two more beers	Två öl till, tack
I'd like another glass of water, please	Kan jag få ett glas vatten till, tack

The same again, please | Kan jag få en portion till, tack
Three coffees | Tre kaffe
May we have an ashtray? | Kan vi få ett askfat?
Can I have a light, please? | Har ni en tändsticka?

Paying

The bill, please | Kan jag få notan?
Does it include service? | Är servicen inräknad?
Please check the bill – I don't think it's correct | Skulle ni vilja titta på notan – jag tror inte att den stämmer
I didn't have soup | Jag tog inte soppa
I had chicken, not steak | Jag tog kyckling, inte biff
May we have separate bills? | Kan vi betala var för sig?

Breakfast

Breakfast | Frukost
What time is breakfast served? | Hur dags serverar ni frukost?

A large white coffee, please	En kopp kaffe med grädde, tack
A black coffee[1]	En kopp kaffe, tack
A cup of tea, please	En kopp te, tack
I'd like tea with milk/lemon	En kopp te med mjölk/citron, tack
May we have some sugar, please?	Kan vi få lite socker?
A roll and butter	En franskbrödbulle med smör
Toast	Rostat bröd
We'd like more butter, please	Kan vi få lite mer smör
Have you some jam/marmalade?	Har ni marmelad?
I would like a hard-boiled egg/ soft-boiled egg	Kan jag få ett hårdkokt/ löskokt ägg?
Ham	Skinka
What fruit juices have you?	Vad har ni för juice?

Restaurant vocabulary

(The definite form is given after each noun)

ashtray	ett askfat, –et
bar	en bar, –en

1. Coffee is served black in Sweden, but usually accompanied by a jug of cream.

beer	öl, –et
bill	en nota, –n
bottle/half bottle	en flaska/en halvflaska, –n
bowl	en skål, –en
bread	bröd, –et
butter	smör, –et
carafe	en karaff, –en
cigarettes	cigarretter
cloakroom	ett kapprum, –met
coffee	kaffe, –t
course *dish*	en rätt, –en
cream	grädde, –n
cup	en kopp, –en
fork	en gaffel, –n
glass	ett glas, –et
hungry	hungrig
knife	en kniv, –en
lemon	en citron, –en
matches	tändstickor
mayonnaise	majonnäs, –en
menu	en meny, –n/en matsedel, –n
milk	mjölk, –en
mustard	senap, –en

napkin	en serviett, –en
oil	olja, –n
pepper	peppar, –n
plate	en tallrik, –en
restaurant	en restaurang, –en
salt	salt, –et
sandwich	en smörgås, –en
sauce	sås, –en
saucer	en assiett, –en
service	service, –n/betjäning, –en
snack	en smårätt, –en
spoon	en sked, –en
sugar	socker, sockret
table	ett bord, –et
tablecloth	en bordduk, –en
tea	te, –et
terrace	en terass, –en
thirsty	törstig
tip	dricks, –en
toothpick	en tandpetare, –n
vegetarian	en vegetarian, –en
vinegar	vinäger, –n

waiter	en kypare, –n
waitress	en servitris, –en
water	vatten, vattnet
wine	vin, –et
wine list	en vinlista, –n

THE MENU

SOPPOR	SOUPS
Champinjonsoppa	mushroom soup
Consommé (buljong) med ostkex	a clear, strong beef soup with cheese biscuits
Fisksoppa	fish soup
Gratinerad löksoppa	onion soup with grated cheese
Grönsakssoppa	vegetable soup
Hummersoppa	cream of lobster soup
Hönssoppa	cream of chicken soup
Köttsoppa	meat and vegetables in clear beef soup
Oxsvanssoppa	oxtail soup
Sköldpaddssoppa	turtle soup
Sparrissoppa	cream of asparagus soup
Tomatsoppa	cream of tomato soup
Ärtsoppa	thick pea soup, often served with cubes of pork and mustard

FÖRRÄTTER/ENTRÉER	HORS D'OEUVRE
Böckling	smoked herring
Crepes	thin crisp pancakes, with savoury or sweet stuffing
Grodlår	frogs' legs

Gravad lax	raw-pickled salmon
Gravad strömming	raw-pickled herring
Grönsakssallad	vegetable salad
Gåsleverpastej	pâté de foie gras
Hummerstuvning	lobster in white sauce
Musslor	cockles
Ostron	oysters
Rostat bröd med smör	buttered toast
Räksallad/Räkcocktail	shrimp salad with tomatoes, tangerine, lettuce and marinade
Sardiner	sardines
Sillbricka	a variety of pickled herrings, bread, butter
Skaldjurscocktail	shellfish salad
Sniglar i vitlökssmör	whelks in garlic butter
Ugnsbakad potatis med löjrom	jacketed potato with bleakfish roe
Vol au vent med svampstuvning	light pastry case with mushrooms in white sauce
Ägglåda	baked omelet

SMÖRGÅSBORD   BUFFET

A table in the centre of the restaurant is laid with a variety of dishes, hot and cold. The idea is that for one price, you take as much as you like of whatever you like on the table. This is not an hors d'oeuvre, but a filling meal. On the smörgåsbord you may find:

Grovt bröd	brown bread
Fint bröd	white bread
Knäckebröd	crispbread
Lax	salmon
Rökt ål	smoked eel
Sill	herring, pickled or cooked in a variety of ways
Köttbullar	meatballs
Leverpastej	liver pâté
Rökt korv	smoked, strongly spiced sausage
Saltkött	thin slices of salt beef
Skinka	ham, boiled or smoked
Sylta	brawn
Grönsaksallad	vegetable salad
Grönsallad	lettuce
Inlagd gurka	pickled gherkins, or sliced cucumber in marinade
(Inlagda) rödbetor	pickled beetroots
Kokt potatis	boiled potatoes
Lingonsylt	lingonberry jam (rather like cranberry jelly)

Potatissallad	potatoes in white sauce or marinade
Rödkål	pickled red cabbage
Sparris	asparagus tips
Svampstuvning	various kinds of mushroom in white sauce
Tomater	tomatoes
Omelett	omelet

FISK	FISH
Abborre	perch
Fiskbullar	creamed fishballs
Flundra	flounder
Forell	trout
Gädda	pike
Helgeflundra	halibut
Hummer	lobster
Hummersoufflé med whiskysås	lobster soufflé with whisky sauce
Janssons Frestelse	anchovies, layered with potato strips and onion, baked in cream
Kolja	haddock
Kräftor	sweetwater crayfish

Lax	salmon
Lutfisk	'Christmas-Eve fish', dried, then soaked in lye
Makrill	mackerel
Matjessill med grädde och gräslök	salted herring with sour cream and chives
Musslor	cockles
Piggvar	turbot
Räkor i hummersås med ris	shrimps in lobster sauce on a bed of rice
Rödspätta	plaice
Sill	herring, often salted
Sjötunga	sole
Spättafile med remouladsås	fillet of plaice with remolade sauce
Tonfisk	tunnyfish
Torsk	cod
Vitling	whiting
Ål	eel

KÖTT	MEAT
Oxkött	*Beef*
Biff à la Stroganoff	spicy beef stew with peppers
Biffstek med lök	fried beefsteak with onions

Entrecote med vitlöks/persilje-smör	thick cut of sirloin, grilled or fried, served with a knob of butter flavoured with garlic or parsley
Filé Oscar	tenderloin, baked with mushroom sauce
Köttgryta	beef stew with vegetables
Lövbiff med aromsmör	thin beefsteak with flavoured butter
Oxfilé	tenderloin
Oxrullader	rolled beef with stuffing
Risotto Garibaldi	rice mixed with tomatoes, onions and beef, with a hot curry sauce
Rostbiff	roast beef
Sjömansbiff	'sailor's beef', salty beef stew
Ungersk gulasch	Hungarian goulash

Kalvkött	*Veal*
Helstekt kalvfilé på champinjonsbädd	oven-baked fillet of veal on a bed of mushrooms
Kalvrullader	rolled veal with stuffing
Wienerschnitzel	thin flattened fillet of veal with lemon and anchovy

Svinkött

Berlinerkotlett

Fläskkotlett
Kassler
Kokt skinka
Revbensspjäll med äppelmos
Rökt skinka

Pork

pork chop with sauerkraut,
   stewed apples and
   horseradish

pork chop
smoked tenderloin of pork
boiled ham
spare rib with stewed apples
smoked ham

Lamm

Kababs

Lammkotlett

Mutton

grilled pieces of marinaded
   mutton on a spit

lamb cutlet

Korv

Bräckt falukorv med potatismos

Fläskkorv med rotmos

Medvurst

Prinskorv

Sausages

fried, rather spicy sausage with
   mashed potatoes

boiled pork sausage with
   mashed turnips

smoked, spicy sausage for
   sandwiches

miniature sausages

'Varm korv'/grillkorv	hot dogs with innumerable attributes – a Swedish institution
Köttfärs[1]	*Minced meat*
Biff à la Lindström	hamburger with pickled beetroot and capers in the meat
Hackad jägarbiff	hamburger with mushroom sauce
Hackad wienerschnitzel	minced beef with lemon and anchovy
Hamburgare	hamburger
Kåldolmar	forcemeat roll in a cabbage casing, fried with treacle
Köttbullar med gräddsås och lingon	meatballs with thick gravy and lingonberry jam
Pytt-i-panna	fried diced meat and potatoes, 'bubble-and-squeak'
Spagetti med köttsås	spaghetti with meat sauce
Ugnsbaked köttfärs	oven-baked meat loaf
Inälvsmat	*Offal*
Blodkorv	black pudding

1. Minced meat is very much used in Swedish cooking – both at home and in restaurants.

Grisfötter	pig's trotters
Hjärta	heart
Lever	liver
Njure	kidney
Stekt lever med bacon och ris	fried liver with bacon and rice
Svartsoppa	black soup, a soup made with gooseblood, eaten at Michaelmas

FÅGLAR OCH VILT	POULTRY AND GAME
Anka	duck
Fasan	pheasant
Gås	goose
Hare	hare
Höna	hen
Kalkon	turkey
Kyckling	chicken
Ren	reindeer
Rådjur	venison
Snöripa	ptarmigan
Unganka med apelsinsås	duckling with orange gravy
Älg	moose

GRÖNSAKER OCH SALLADER	VEGETABLES AND SALADS
Blomkål	cauliflower
Bondbönor	broad beans
Bruna bönor	red beans
Champinjoner	(field) mushrooms
Dill	dill
Gröna bönor	runner beans
Gurka	cucumber
Hjortronsylt	cloudberry jelly
Kastanjer	chestnuts
Kantareller	chanterelles,
Kronärtskockor	artichoke
Lingonsylt	lingonberry jam (rather like cranberry jelly)
Lök	onion
Morötter	carrots
Palsternacka	parsnip
Paprika	green or red pepper
Persilja	parsley
Pommes frites	potato chips[1]
Potatis	potato
Pressgurka	sliced cucumber

1. 'Chips' means crisps.

Purjolök	leek
Gräslök	chives
Rabarber	rhubarbs
Rotmos	mashed turnips
Rova	turnip, swede
Rädisor	radishes
Rödbetor	beetroots
Rödkål	red cabbage
Rönnbärsgele	rowan-berry jelly – excellent with game
Selleri	celery
Senap	mustard
Sparris	asparagus
Spenat	spinach
Syltgurka	pickled gherkins
(Svart/röd) vinsbärsgele	black- or red-currant jelly
Tomat	tomato
Vitkål	white cabbage
Vitlök	garlic

ÄGGRÄTTER	EGGS
Hårdkokt ägg	hard-boiled egg
Löskokt ägg	soft-boiled egg

Omelett	omelet
Ostkaka	curd cake
Stekt ägg med skinka	fried egg and bacon
Ägglåda	baked omelet
Äggröra	scrambled eggs

GRÖT OCH KRÄM	CEREALS
Havregrynsgröt	oatmeal porridge
Mannagrynspudding	semolina
Risgrynsgröt	rice and milk porridge
Saftkräm	fruit-juice mould

DESSERTER OCH EFTERRÄTTER	DESSERTS AND SAVOURIES
(Grädd)bakelse	(fresh cream) cake
Brylépudding	caramel custard
Citronfromage	lemon blancmange
Chokladpudding	chocolate blancmange
Crepes suzettes	thin crisp pancakes with jam
Fastlagsbullar	'Lent buns', buns with marzipan and fresh cream, often served in a bowl of hot milk

Friterad camembert med persilja	deep-fried Camembert cheese with parsley
Fruktsallad	fruit salad
Glass	ice cream
Kaka	sponge cake or biscuit-like cake
Ostbricka	assorted cheeses and biscuits
Tårta	sponge cake with fresh cream, jam, custard
Vaniljglass med varm chokladsås	vanilla ice-cream with hot chocolate sauce
Vetebröd	wheaten, sweet bread
Äppelkaka med vaniljsås	apple crumble with vanilla sauce
Äppelpaj	apple pie

FRUKT	FRUIT
Apelsin	orange
Aprikos	apricot
Banan	banana
Citron	lemon
Dadlar	dates
Fikon	figs
Grape-frukt	grapefruit
Hallon	raspberries

Jordgubbar	strawberries
Krusbär	gooseberries
Körsbär (bigarråer)	cherries
Mandlar	almonds
Melon	melon
Oliver	olives
Persika	peach
Plommon	plum
Päron	pear
Smultron	wild strawberries
(röda/svarta) Vinbär	red-, black-currants
Vindruvor	grapes
Äppel	apple

COOKING METHODS

Avredd (soppa)	(soup) thickened with flour
Blodig – röd – genomstekt	underdone/rare – medium – well cooked
Fylld	stuffed
Gratinerad	baked
Flamberad	liquor is poured over dish and set fire to
Grillad	grilled

Kokt	boiled
Marinerad	marinated
Rökt	smoked
Stekt	fried
Ugnsbakad	oven-baked

DRYCKER

DRINKS

Akvavit	strong liquor, like vodka, sometimes spiced
Brännvin	strong potato-liquor, sometimes spiced
Drickchoklad	cocoa
Grädde	cream
Juice	fruit juice
Kaffe	coffee
Kask	(a coffee with liqueur rather like Irish coffee)
Konjak	brandy
Lemonad	pop
Mineralvatten	mineral water
Mjölk	milk
Öl	beer
mellanöl	of medium strength

starköl	strong
Punsch	punch
Saft	juice, squash
Snaps (nubbe)	small glass of 'brännvin', knocked back in Viking style
Te	tea
Vin	wine
pärlande	sparkling
rosé	rosé
rött	red
sött	sweet
torrt	dry
vitt	white

SHOPPING[1]

Where to go

Where are the best department stores?	Var ligger de bästa varuhusen?
Where is the market?	Var ligger torget?
Is there a market every day?	Är det torgdag varje dag?
Where can I buy . . . ?	Var kan man köpa . . . ?
When do the shops open/close?	När öppnar/stänger affärerna?
Where's the nearest chemist?	Var ligger närmaste apotek?/ kemikalieaffär?[2]
Can you recommend a hairdresser?	Känner ni till någon bra hårfrisör(ska)?
Baker	Bageri/brödaffär
Butcher	Slaktare/charkuteri
Chemist	Färghandel/apotek[2]
Dairy	Mjölkaffär
Dry cleaner	Kemtvätt
Greengrocer	Grönsakshandel
Grocer	Specerihandel
Laundry	Tvätt

1. Most shops are open from 09.00 to 18.00 Monday to Friday and until 14.00 on Saturdays.
2. An 'apotek' sells only medicines. A 'färghandel' or 'kemikalieaffär' sells toilet goods, cosmetics, paint, etc.

Newsagent	Tidningskiosk
Stationer	Pappershandel
Supermarket	Snabbköp
Tobacconist	Tobakshandlare

In the shop

Self service	* Självbetjäning
Sale (clearance)	* Rea (Realisation)
Cash desk	* Kassa
Shop assistant	Expedit
Manager	Föreståndare
Can I help you?	* Vad får det lov att vara?
I want to buy ...	Jag skulle vilja ha ...
Do you sell ... ?	Säljer ni ... ?
I just want to look round	Jag skulle bara vilja titta
I don't want to buy anything now	Jag tänker inte köpa någonting nu
You'll find them at that counter	* De finns vid disken där borta
We've sold out but we'll have more tomorrow	* De är utsålda, men vi får in nya i morgon

Will you take it with you?	* Tar ni det själv?
Please send them to this address/X hotel	Kan ni skicka det till den här adressen/hotell X

Choosing

What colour do you want?	* Vilken färg önskar ni?
I like this one	Jag tycker om den här
I prefer that one	Jag tycker bättre om den där
I don't like this colour	Jag tycker inte om den här färgen
Have you a green one?	Har ni den i grönt?
Do you have one in a different colour?	Har ni andra färger?
Have you anything better?	Har ni någonting bättre?
I'd like another	Jag skulle vilja ha en till
What size?[1]	* Vilken storlek?
It's too big/tight	Den är för stor/snäv
Have you a larger/smaller one?	Har ni någon större/mindre?
What size is this?	Vilken storlek är detta?
I want size . . .	Jag behöver storlek . . .

1. See p. 99 for table of continental sizes.

The English/American size is ...	Den engelska/amerikanska storleken är ...
My collar size is ...	Mitt kragnummer är ...
My chest measurement is ...	Mitt bröstmått är ...
My waist measurement is ...	Mitt midjemått är ...
What's it made of?	Vad är den gjord av?
For how long is it guaranteed?	Hur länge gäller garantin?

Complaints

I want to see the manager	Kan jag få tala med föreståndaren
I bought this yesterday	Jag köpte den här igår
It doesn't work	Den fungerar inte
This is dirty/stained/torn/ broken/cracked	Den är smutsig/fläckig/ sönderriven/trasig/ sprucken
Will you change it please?	Kan jag få byta den här?
Will you refund my money?	Får jag pengarna tillbaka?

Paying

How much is this?	Hur mycket kostar denna?
That's 8 kronor please	★ Det blir åtta kronor, tack
They are 50 öre each	★ De kostar femtio öre stycket
It's too expensive	Det är för dyrt
Don't you have anything cheaper?	Har ni ingenting billigare?
Will you take English/American currency?	Kan jag betala i engelsk/amerikansk valuta
Do you take travellers' cheques?	Tar ni emot resecheker?
Please pay the cashier	★ Vill ni betala i kassan
May I have a receipt, please?	Kan jag få ett kvitto, tack
You've given me too little/too much change	Jag har fått för lite/för mycket växel

Clothes and shoes[1]

I want a hat/sunhat	Jag skulle vilja ha en hatt/en solhatt

1. For sizes see p. 99.

S.P.B. – 4

I'd like a pair of white cotton gloves/black leather gloves	Jag skulle vilja ha ett par vita bomullsvantar/svarta läderhandskar
Can I see some dresses, please?	Jag skulle vilja se på några klänningar
I like the one in the window	Jag tycker om den som är i fönstret
May I try this?	Kan jag prova den här?
That's smart	Det var snyggt!
It doesn't fit me	Den passar inte
I don't like the style	Jag tycker inte om modellen
Where's the coat department?	Var är kappavdelningen?
Where are beach clothes?	Var har ni strandkläder?
The men's department is on the second floor	* Herravdelningen är på tredje våningen
I want a short-/long-sleeved shirt, collar size ...	Jag skulle vilja ha en kort-/lång-ärmad skjorta, kragnummer ...
A pair of grey wool socks, please, size ...	Ett par grå yllesockar i storlek ... tack
I need a pair of walking shoes	Jag behöver ett par promenadskor
I need a pair of beach sandals/ black shoes	Jag behöver ett par strandsandaler/svarta skor
These heels are too high/too low	De här klackarna är för höga/för låga

Clothing sizes

WOMEN'S DRESSES, ETC.

British	32	34	36	38	40	42	44
American	10	12	14	16	18	20	22
Continental	30	32	34	36	38	40	42

MEN'S SUITS

British and American	36	38	40	42	44	46
Continental	46	48	50	52	54	56

MEN'S SHIRTS

British and American	14	$14\frac{1}{2}$	15	$15\frac{1}{2}$	16	$16\frac{1}{2}$	17
Continental	36	37	38	39	41	42	43

STOCKINGS

British and American	8	$8\frac{1}{2}$	9	$9\frac{1}{2}$	10	$10\frac{1}{2}$	11
Continental	0	1	2	3	4	5	6

SOCKS

British and American	$9\frac{1}{2}$	10	$10\frac{1}{2}$	11	$11\frac{1}{2}$
Continental	38–39	39–40	40–41	41–42	42–43

SHOES

British	1	2	3	4	5	6		7	8	9	10	11	12
American	2½	3½	4½	5½	6½	7½		8½	9½	10½	11½	12½	13½
Continental	33	34–5	36	37	38	39–40	41	42	43	44	45	46	

This table is only intended as a rough guide since sizes vary from manufacturer to manufacturer.

Chemist[1]

Can you prepare this prescription for me, please?	Jag skulle vilja ha den här medicinen
Have you a small first-aid kit?	Har ni en liten första förbandslåda?
A bottle of aspirin, please	En burk huvudvärkstabletter, tack.
A tin of adhesive plaster	En ask plåster
Can you suggest something for indigestion/constipation/ diarrhoea?	Har ni någonting för sur mage/hård mage/ diarré?

1. See Note 2, p. 93. See also AT THE DOCTOR'S, p. 120.

I want something for insect bites	Jag skulle vilja ha någonting för insektsbett
Can you give me something for sunburn?	Jag har bränt mig i solen Har ni någonting som hjälper?
I want some throat/cough lozenges	Jag skulle vilja ha några hals/hosttabletter

Toilet requisites[1]

A packet of razor blades, please	Ett paket rakblad, tack
Have you an after-shave lotion?	Har ni något rakvatten?
How much is this lotion?	Hur mycket kostar den här krämen?
A tube of toothpaste, please	En tub tandkräm, tack
Give me a box of paper handkerchiefs, please	Kan jag få en ask pappersnäsdukar, tack
I want some eau-de-cologne/perfume	Jag skulle vilja ha en flaska eau-de-cologne/parfym
What kinds of soap have you?	Vad har ni för tvål?
A bottle/tube of shampoo, please, for dry/greasy hair	En flaska/tub hårshampo, för torrt/fett hår, tack

1. See note 2, p 93.

A packet of (disposable) nappies, please[1]

Ett paket blöjor, tack

Photography

I want to buy a (ciné) camera	Jag skulle vilja köpa en (film) kamera
Have you a film for this camera?	Har ni film för den här kameran?
A 120 film, please	En etthundratjugo film, tack
Can I have a 35 mm. colour film with 20/36 exposures?	Kan jag få en trettiofem millimeters färg-film med tjugo/trettiosex exponeringar
Would you fit the film in the camera for me, please?	Skulle ni vilja sätta i filmen åt mig?
How much is it?	Hur mycket kostar den?
Does the price include processing?	Ingår framkallning i priset?
I'd like this film developed and printed	Kan ni framkalla och förstora den
Please enlarge this negative	Jag skulle vilja ha en förstoring av detta negativet
When will they be ready?	När blir de färdiga?

1. Only disposable nappies in Sweden. Can be bought in carrier bags of 100 or less.

Will they be done tomorrow?	Kan de bli färdiga till i morgon?
My camera's not working, can you mend it?	Min kamera fungerar inte, kan ni laga den?
The film is jammed	Filmen har hakat upp sig
Shutter	bländare
Lens	lins
Lightmeter	ljusmätare
Viewfinder	sökare
Flash/bulb	blixt/lampa

Food[1]

Give me a kilo/half a kilo of . . .	Kan jag få ett kilo/ett halvt kilo . . .
I want some sweets/chocolate please	Jag skulle vilja ha lite karameller/choklad
A bottle of milk	En liter mjölk, tack
Is there anything back on the bottle?	Får man pengar tillbaka på flaskan?

1. See also RESTAURANT, p. 69, and WEIGHTS AND MEASURES, p. 134.

A litre/half a litre of wine	En liter/en halv liter vin[1]
A bottle of beer	En flaska öl, tack
I want a jar/tin/packet of ...	Kan jag få en burk/ett paket ...
Do you sell frozen foods?	Har ni djupfrysta varor?
These pears are too hard	De här päronen är för hårda
Is it fresh?	Är det färskt?
Are they ripe?	Är de mogna?
This is bad/stale	Det här är skämt/gammalt
A loaf of bread, please	En limpa bröd, tack
How much is that a kilo/a litre?	Hur mycket kostar det per kilo/per liter
Have you got tinned baby-food?	Har ni baby-mat på burk?[2]

Tobacconist's

Do you stock English/American cigarettes?	Har ni engelska/amerikanska cigarretter?

1. Although many brands of beer can be bought in a greengrocer's or a supermarket, you have to go to 'systembolaget', the state off-licence, for your wine and spirits. You are advised to take your passport or driving licence, since customers may be asked to prove that they are over twenty-one and are not on the shop's blacklist.
2. You will find a wealth of baby-food and fruit juices in any department store.

What English cigarettes have you?	Vad har ni för engelska cigarretter?
A packet of . . . , please	En ask . . . , tack
I want some filter-tip cigarettes/ cigarettes without filter	Jag skulle vilja ha filtercigarretter/cigarretter utan filter
A box of large/small cigars, please	En ask stora/små cigarrer, tack
A box of matches, please	En ask tändstickor, tack
I want to buy a lighter	Jag skulle vilja ha en cigarrettändare
Do you sell lighter fuel?	Har ni bensin till cigarrettändare?
I want a gas refill for this lighter	Jag skulle vilja få min gaständare fylld

Newspapers, books, writing materials[1]

Do you sell English/American newspapers?	Har ni engelska/amerikanska tidningar?
Can you get this magazine for me?	Kan ni skaffa den här tidskriften åt mig?
Where can I get the . . . ?	Var kan jag få tag i . . . ?

1. Newsagents also sell postage stamps.

I want a map of the city	Jag skulle vilja ha en karta över staden
Do you have any English books?	Har ni några engelska böcker?
Have you any novels by . . . ?	Har ni någon roman av . . . ?
I want some colour postcards	Jag skulle vilja ha några vykort i färg
I want some black-and-white postcards/plain postcards	Jag skulle vilja ha några svart-vita vykort/några brevkort

Laundry and cleaning

I want to have these things washed/cleaned	Jag skulle vilja få de här tvättade/kemtvättade
These stains won't come out	* De här fläckarna går inte bort
It only needs to be pressed	Den behöver bara pressas
This is torn; can you mend it?	Den här är trasig; kan ni laga den?
Do you do invisible mending?	Gör ni konststoppning?
There's a button missing	Det fattas en knapp
Can you sew on a button here, please?	Skulle ni kunna sy i en ny knapp här?

Can you put in a new zip please?	Skulle ni kunna sätta i ett nytt blixtlås?
When will they be ready?	När blir de färdiga?
I need them by this evening/tomorrow	Jag behöver dem i kväll/i morgon
Call back at 5 o'clock	* Kan ni komma tillbaka klockan fem
We can do it by Tuesday	* Vi kan ha det färdigt till tisdag
It will take three days	* Det kommer att ta tre dagar

Repairs

SHOES

Can you sole these shoes with leather?	Jag skulle vilja ha en ny lädersula på de här skorna
Can you heel these shoes with rubber?	Kan ni sätta en ny gummiklack på de här skorna?
I have broken the heel; can you put on a new one?	Klacken har gått av; kan ni sätta på en ny?
Can you do them while I wait?	Kan ni laga dem medan jag väntar?
When should I pick them up?	När kan jag hämta dem?

WATCH/JEWELLERY

My watch is broken	Min klocka är sönder
My watch is always fast/slow	Min klocka går för fort/går för sakta
Can you repair it?	Kan ni laga den?
I've broken the strap	Remmen har gått sönder
The fastener is broken	Spännet är trasigt
The stone is loose	Stenen är lös
How much will it cost?	Hur mycket kommer det att kosta?
It can't be repaired	* Det går inte att laga
You need a new one	* Ni måste ha en ny

BARBER AND HAIRDRESSER

May I make an appointment for tomorrow/this afternoon?	Jag skulle vilja beställa tid till i morgon/till i eftermiddag
What time?	Hur dags?
I want my hair cut/trimmed	Jag skulle vilja ha klippning/putsning
Not too short at the sides	Inte för kort vid sidorna
I'll have it shorter at the back, please	Kan ni göra det lite kortare i nacken
This is where I have my parting	Jag har benan här
My hair is oily/dry	Mitt hår är fett/torrt
I want a shampoo	Jag skulle vilja ha tvättning
I want my hair washed and set	Jag skulle vilja ha tvättning och läggning
Please set it without rollers	Var snäll och lägg det utan spolar
I want my hair permed/tinted	Jag skulle vilja permanenta/färga håret
The water is too cold	Vattnet är för kallt
The dryer is too hot	Torkhuven är för varm
Thank you, I like it very much	Tack så mycket, det blev väldigt lyckat
I want a shave/manicure	Jag skulle vilja ha rakning/manikyr

POST OFFICE

Where's the main post office?	Var ligger huvvdpostkontoret?
Where's the nearest post office?	Var ligger närmaste postkontor?
What time does the post office close?	Hur dags stänger posten/ postkontoret?
Where's the post-box?	Var är brevlådan?

Letters and telegrams

How much is a letter to England?	Hur mycket kostar ett brev till England?
What's the airmail/surface mail to the USA?	Hur mycket kostar det med flygpost/med vanlig post till USA?
It's inland	Det är inrikes
Give me three 85 öre stamps, please	Kan jag få tre åttiofemöres frimärken[1]
I want to send this letter express	Jag skulle vilja skicka det här brevet express
I want to register this letter	Jag skulle vilja skicka det här brevet rekommenderat

1. Stamps can be bought at newsagents and tobacco kiosks as well as at the post office.

Where is the poste restante section?	Var finns poste restante-avdelningen?
Are there any letters for me?	Har det kommit några brev till mig?
What is your name?	* Vad heter ni/Hur var namnet?
Have you any means of identification?	* Har ni legitimation?
I want to send a telegram/reply paid/overnight[1]	Jag skulle vilja skicka ett telegram/ett telegram med betalt svar/ett brevtelegram
How much does it cost per word?	Hur mycket kostar det per ord?
Write the message here and your own name and address	* Fyll i meddelandet här och ert eget namn och adress

Telephoning

Where's the nearest phone box?	Var finns närmaste telefonkiosk?
I want to make a phone call	Jag skulle vilja telefonera
Please get me 046/92804	Kan jag få noll fyra sex, nio två åtta noll fyra
I want to telephone to England	Jag skulle vilja ringa till England

1. Telegrams are sent from the telegraph office, not the post office.

I want to make a personal call	Jag skulle vilja beställa ett personligt samtal
I want extension 43	Kan jag få anslutning fyrtiotre?
May I speak to . . .	Kan jag få tala med . . .
Who's speaking?	* Vem får jag hälsa från?
Hold the line, please	* Var god vänta
He's not here	* Han är inte här
He's at . . .	* Han är på . . .
When will he be back?	När kommer han tillbaka?
Will you take a message?	Kan jag lämna ett meddelande?
Tell him that X phoned	Kan ni säga honom att X har ringt
Please ask him to phone me	Var snäll och be honom ringa mig
What's your number?	* Vad har ni för telefonnummer?
My number is . . .	Jag har nummer . . .
I can't hear you	Jag hör ingenting
The line is engaged	* Numret är upptaget
There's no reply	* Det är inget svar
You have the wrong number	* Ni har fått fel nummer
Telephone directory	en telefonkatalog, –en
Telephone number	ett telefonnummer (telefonnumret)
Telephone operator	en telefonist, –en

SIGHTSEEING[1]

What ought one to see here?	Vad finns det för sevärdheter här?
What's this building?	Vad är det här för en byggnad?
Which is the oldest building in the city?	Vilken är den äldsta byggnaden i staden?
When was it built?	När byggdes den?
Who built it?	Vem har byggt den?
What's the name of this church?	Vad heter den här kyrkan?
What time is mass at . . . church?	Hur dags är det högmässa i . . . kyrkan?
What time is the service?	Hur dags är det gudstjänst?
Where is the synagogue?	Var ligger den synagogan?
Is this the natural history museum?	Är detta naturhistoriska muséet?
When is the museum open?	Vilka tider är muséet öppet?
Is it open on Sundays?	Är det öppet på söndagar?
The museum is closed on Mondays	* Muséet är stängt på måndagar
Admission free	* Fritt/gratis inträde
How much is it to go in?	Hur mycket kostar inträdet?
Have you a ticket?	* Har ni biljett?
Where do I get tickets?	Var kan man köpa biljetter?

1. See also BUS AND COACH TRAVEL, p. 46, and DIRECTIONS, p. 49.

Please leave your bag in the cloakroom	* Var god lämna er väska i kapprummet
It's over there	* Det är där borta
Can I take pictures?	Får man lov att ta bilder/ fotografera?
Photographs are prohibited	* Fotografering förbjuden
Follow the guide	* Följ med guiden
Does the guide speak English?	Talar guiden engelska?
I don't need a guide	Jag behöver ingen guide
Where is the X collection/ exhibition?	Var finns X-samlingen/ utställningen?
Where are the Karl Isakssons?	Var finns Karl Isakssons tavlor?
Where can I get a catalogue?	Var kan jag få en katalog?
Where can I get a map/guide-book of the city?	Var kan jag få en karta/ turisthandbok över staden?
Is this the way to the zoo?	Är det här vägen till zoo (zoologiska trädgården)?
Which bus goes to the castle?	Vilken buss går till slottet?
Which is the way to the park?	Hur kommer man till parken?
Can we walk there?	Kan man promenera dit?

ENTERTAINMENT

What's on at the theatre/cinema?	Vad ger de på teatern?/Vad går det för filmer?
Is there a concert on this evening?	Är det någon konsert ikväll?
I want two seats for tonight/the matinee tomorrow	Jag skulle vilja ha två biljetter till ikväll/matinén imorgon
I want to book seats for Thursday	Jag skulle vilja beställa biljetter till torsdag
Where are these seats?	Var är de här platserna?
What time does the performance start?	Hur dags börjar föreställningen?
What time does it end?	Hur dags slutar den?
A programme, please	Ett program, tack
Where are the best nightclubs?	Var hittar man de bästa nattklubbarna?
What time is the floorshow?	Hur dags börjar uppträdandet?
May I have this dance?	Får jag lov?
Is there a discotheque here?	Finns det något diskotek här?

SPORTS AND GAMES

Where is the stadium/ gymnasium?	Var ligger stadion/idrottsplatsen
Are there still any seats in the grandstand?	Finns det biljetter kvar till läktaren?
How much are they?	Hur mycket kostar de?
Which are the cheapest seats?	Vilka är de billigaste platserna?
We want to go to a football match/the tennis tournament/ ice-hockey match	Vi skulle vilja gå på en fotbollsmatch/ tennisturneringen/ ishockey matchen
Who's playing?	Vem är det som spelar?
When does it start?	När börjar det?
What is the score?	Hur står det?
Who's winning?	Vem leder?
Where's the race course?	Var ligger kapplöpningsbanan?
Boating	Båtsport
Boxing	Boxning
Fishing	Fiske
Hunting	Jakt
Sailing	Segling
Water-skiing	Vattenskidåkning
Winter sports	Vintersport

ON THE BEACH

Where are the best beaches?	Var finns de bästa badstränderna?
Is there a quiet beach near here?	Finns det någon stillsam badstrand i närheten?
Can we walk or is it too far?	Kan vi promenera dit eller är det för långt?
Is there a bus to the beach?	Går det någon buss till stranden?
Is the beach sandy or rocky?	Är det sandstrand eller klippor?
Is it dangerous to bathe here?	Är det farligt att bada här?
Bathing prohibited	* Badning förbjuden
Diving prohibited	* Dykning förbjuden
It's dangerous	* Det är farligt
There's a strong current here	* Det är stark ström/väldigt strömt här
Are you a strong swimmer?	* Simmar du bra?
Is it deep?	Är det djupt?
Is the water cold or warm?	Är vattnet kallt eller varmt?
Can one swim in the lake/river?	Kan man simma i sjön/floden?[1]
Is there an indoor/outdoor swimming pool?	Finns det någon inomhus/utomhus bassäng?
Is it salt or fresh water?	Är det saltvatten eller sötvatten?
Are there showers?	Finns det duschar?

1. The word for a small river is 'ån'.

I want a cabin for the day/for the morning/for two hours

Jag skulle vilja ha en hytt för hela dagen/för förmiddagen/för två timmar

I want to hire a deckchair/sunshade

Jag skulle vilja hyra en solstol/en parasoll

Can we water-ski here?

Kan man åka vattenskidor här?

Can we hire the equipment?

Kan man hyra utrustningen?

Where's the harbour?

Var ligger hamnen?

Can we go out in a fishing boat?

Kan man åka ut i en fiskeskuta?

We want to go fishing

Vi skulle vilja gå ut och fiska

Is there any underwater fishing?

Finns det undervattensfiske?

Can I hire a boat?

Kan man hyra en båt?

What does it cost by the hour?

Hur mycket kostar det per timme?

CAMPING AND WALKING[1]

Is it a long walk to the youth hostel?	Hur långt är det att gå till vandrarhemmet?
How far is the next village?	Hur långt är det till nästa by?
Is there a footpath to . . . ?	Finns det någon gångstig till . . . ?
Is there a short cut?	Finns det någon genväg?
It's an hour's walk to . . .	Det är en timmes promenad till . . .
Is there a camping site near here?	Finns det någon campingplats i närheten?
Is this an authorized camp site?	Är detta en godkänd campingplats?
Is there drinking water?	Finns det dricksvatten?
Are there sanitary arrangements/showers?	Finns det sanitära bekvämligheter/dusch?
May we camp here?	Får man campa här?
Can we hire a tent?	Kan man hyra tält?
Can we park our caravan here?	Får vi parkera vår husvagn här?
Is this drinking water?	Är detta dricksvatten?
Where are the shops?	Var ligger affärerna?
Where can I buy paraffin/butane gas?	Var kan man köpa fotogen/gasol?
May we light a fire?	Får vi göra upp eld?
Where do I dispose of rubbish?	Var kan man lämna avskräde?

1. See also DIRECTIONS, p. 49.

AT THE DOCTOR'S

I must see a doctor[1]	Jag måste gå till doktorn
Please call a doctor	Var snäll och ring efter en doktor (or läkare)
I am ill	Jag är sjuk
I've a pain in my right arm	Jag har ont i höger arm
My wrist hurts	Min handled gör ont
I think I've sprained/broken my ankle	Jag tror att jag har vrickat/brutit foten
I fell down and hurt my back	Jag föll omkull och skadade ryggen
My feet are swollen	Mina fötter är svullna
I've burned/cut/bruised myself	Jag har bränt mig/skurit mig/slagit mig illa
My stomach is upset	Min mage är i olag
I have indigestion	Jag har matsmältningsbesvär
My appetite's gone	Jag har ingen aptit
I think I've got food poisoning	Jag tror att jag är matförgiftad
I can't eat/sleep	Jag kan inte äta/sova
I am a diabetic	Jag är diabetiker/jag har sockersjuka
My nose keeps bleeding	Jag får näsblod hela tiden
I have earache	Jag har örsprång

1. In Sweden you usually go to the relevant department of a hospital when you want to see a doctor.

I have difficulty in breathing	Jag har andningssvårigheter
I feel dizzy	Jag har yrsel
I feel sick	Jag mår illa
I keep vomiting	Jag kräks hela tiden
I have a temperature/fever	Jag har feber
I think I've caught flu	Jag tror att jag har influensa
I've got a cold	Jag är förkyld
I've had it since yesterday	Jag har haft det sedan igår
I've had it for a few hours	Jag har haft det i några timmar
You're hurting me	Det gör ont
Must I stay in bed?	Måste jag ligga till sängs?
Will you come and see me again?	Kommer ni tillbaka?
How much do I owe you?	Hur mycket är jag skyldig?[1]
When do you think I can leave?	När tror ni jag kan resa?
I feel better now	Jag mår bättre nu
Where does it hurt?	* Var gör det ont?
Have you a pain here?	* Gör det ont här?
How long have you had the pain/been suffering from . . . ?	* Hur länge har ni haft ont/lidit av . . . ?
Open your mouth	* Gapa
Put out your tongue	* Räck ut tungan

1. After you have paid your bill, whether at the hospital or to a private practitioner, you take it with your passport to a 'försäkringskassa', where part of the cost is refunded.

Breathe in	* Andas in
Hold your breath	* Håll andan
Does that hurt?	* Gör det ont?
A lot?	* Mycket?
A little?	* Lite?
Please lie down	* Kan ni ligga ner, tack
Take these pills/medicine	* Ta dessa tabletterna/denna medicinen
Take this prescription to the chemist's	* Gå med det här receptet till apoteket
Take this three times a day	* Ta det här tre gånger om dagen
I'll give you an injection	* Jag ska ge er en spruta/injektion
Roll up your sleeve	* Kan ni rulla upp ärmen?
You should stay on a diet for a few days	* Ni bör hålla diet ett par dagar
Come and see me again in two day's time	* Kom hit igen om två dagar
Your leg must be X-rayed	* Ert ben måste röntgas
You must go to hospital	* Ni måste lägga in er på sjukhus
You must stay in bed for a few days	* Ni måste ligga till sängs ett par dagar

abscess	en böld, –en
anaesthetic	bedövning, –en
appendicitis	en blindtarmsinflammation
arthritis	gikt, –en
brain	en hjärna, –n
chiropodist	en pedikurist, –en
constipation	förstoppning, –en
diabetes	diabetes, sockersjuka, –n
diarrhoea	diarré, –n
earache	örsprång, –et
epileptic	epileptiker
false teeth	löständer
fever	feber, –n
filling (*tooth*)	en plomb, –en
food poisoning	matförgiftning
gum	tandkött, –et
hay fever	hösnuva, –n
heart	ett hjärta, –t
heart condition	dåligt hjärta
infection	en infektion, –en
influenza	en influensa, –n
injection	en injektion, –en/en spruta, –n
insomnia	sömnlöshet, –en

kidney	en njure, –n
liver	en lever, –n
lumbago	ryggskott, –et
lung	en lunga, –n
muscle	en muskel, –n
nerve	en nerv, –en
pain	smärta, –n
rheumatism	reumatism, –en
sore throat	ont i halsen
stomach-ache	ont i magen
temperature	temperatur, –en
thermometer	en termometer, –n
tonsils	halsmandlar/tonsiller
toothache	tandvärk, –en
X-ray	röntgen

AT THE DENTIST'S

I must see a dentist	Jag måste gå till tandläkaren
Can I make an appointment with the dentist?	Kan jag beställa tid hos tandläkaren?
As soon as possible	Så snart som möjligt
I have toothache	Jag har tandvärk
This tooth hurts	Jag har värk i den här tanden
I've lost a filling	Jag har tappat en plomb
Can you fill it?	Kan ni laga den?
Can you do it now?	Kan ni göra det nu?
Must you take the tooth out?	Måste ni dra ut tanden?
Please give me an injection first	Var snäll och bedöva mig först
My gums are swollen/keep bleeding	Mitt tandkött är svullet/blöder
I've broken my plate, can you repair it?	Min lösgom har gått sönder, kan ni laga den?
You're hurting me	Det gör ont
How much do I owe you?	Hur mycket är jag skyldig?
When should I come again?	När ska jag komma tillbaka?
Please rinse your mouth	* Var god och skölj
I will X-ray your teeth	* Jag ska röntga era tänder
You have an abscess	* Ni har en inflammation
The nerve is exposed	* Nerven ligger bar
This tooth will have to come out	* Den här tanden måste vi dra ut

PROBLEMS AND ACCIDENTS

Where's the police station?	Var ligger polisstationen?
Call the police	Ring efter polisen
Where is the British/American consulate?	Var ligger brittiska/amerikanska konsulatet?
Please let the consulate know	Var snäll och meddela konsulatet
My bag/wallet has been stolen	Min väska/plånbok är stulen
I found this in the street	Jag hittade denna på gatan
I have lost my luggage/passport/ travellers' cheques	Jag har blivit av med mitt bagage/mitt pass/mina resechecker
I have missed my train	Jag har missat tåget
My luggage is on board	Mitt bagage är ombord
Call a doctor	Ring efter en läkare
Call an ambulance	Ring efter ambulansen
There has been an accident	Det har hänt en olycka
He's badly hurt	Han är svårt skadad
He has fainted	Han har svimmat
He's losing blood	Han blöder
Please get some water/a blanket/ some bandages	Kan ni skaffa lite vatten/en filt/några bandage
I've broken my glasses	Mina glasögon har gått sönder
I can't see	Jag kan inte se
A child has fallen in the water	Ett barn har ramlat i vattnet

May I see your insurance policy?	* Kan jag få se på ert försäkringsbevis?
Apply to the insurance company	* Gör en anmälan till försäkringsbolaget
I want a copy of the police report	Kan jag få en kopia av polisrapporten?

TIME AND DATES

What time is it?[1]	Hur mycket/vad är klockan?
It's one o'clock/2 o'clock[2]	Hon/den är ett/två
It's midday/midnight	Det är middag/midnatt
It is four o'clock	Klockan är fyra
It is half past four	Klockan är halv fem
It is twenty past nine	Klockan är tjugo (minuter) över nio
It is twenty-five past one	Klockan är fem (minuter) i halv två
It is twenty-two minutes to twelve	Klockan är åtta (minuter) över halv tolv
It is a quarter to seven	Klockan är en kvart i sju
It's early/late	Det är tidigt/sent
My watch is slow/fast/has stopped	Min klocka går för sakta/går före/har stannat
What time does it start/finish?	Hur dags börjar/slutar det?
Are you staying long?	Stannar ni länge?
I'm staying for two weeks/four days	Jag stannar i två veckor/fyra dagar
I've been here for a week	Jag har varit här i en vecka
We're leaving on 5th January	Vi reser den femte januari

1. The Swedish sequence is: five, ten, quarter, twenty *past* the hour; five *to* half hour (i.e. twenty-five past); half *to* the next hour (i.e. half past four is half to five); five *past* half hour (i.e. twenty-five to) and twenty, quarter, ten, five *to* the hour.

2. Hon är, den är and klockan are freely interchangeable to express 'it is' + time.

We got here on 27th July	Vi kom hit den tjugosjunde juli
What's the date?	Vad är det för datum?
It's 9th December	Det är den nionde december
Today	idag
Yesterday	igår
Tomorrow	i morgon
Day after tomorrow	i övermorgon
Day before yesterday	i förrgår
Day	en dag, –en
Morning	en morgon, –en
Afternoon	en eftermiddag, –en
Evening	en kväll, –en
Night	en natt, –en
This morning	i morse
Yesterday afternoon	igår eftermiddag
Tomorrow evening	i morgon kväll
In the morning	på morgonen
In ten days' time	om tio dagar
On Tuesday	på tisdag
On Sundays	på söndagarna
This week	denna veckan
Last month	förra månaden
Next year	nästa år

Sunday	söndag
Monday	måndag
Tuesday	tisdag
Wednesday	onsdag
Thursday	torsdag
Friday	fredag
Saturday	lördag
January	januari
February	februari
March	mars
April	april
May	maj
June	juni
July	juli
August	augusti
September	september
October	oktober
November	november
December	december

PUBLIC HOLIDAYS

Nyårsdagen (1 January)	New Year's Day
Trettondagen (6 January)	Epiphany
Långfredagen	Good Friday
Annandag Påsk	Easter Monday
Första maj	1 May
Kristi Himmelsfärdsdag	Ascension Day
Annandag Pingst	Whit Monday
Midsommardagen (22 June)	Midsummer's Day
Alla Helgons dag (2 November)	All Saints' Day
Juldagen (25 December)	Christmas Day
Annandag jul (26 December)	Boxing Day

Note:

December 13 is so-called Lucia-dag (Santa Lucia's Day). Although not a public holiday it is a very special day in Sweden. Everybody, from the family group to the town and the entire country, has their own Lucia, a girl in a long white robe, wearing a crown of burning candles, who with her song brings a promise of light in this darkest part of the winter.

December 24, Julafton (Christmas Eve), is the traditional day for Christmas festivities in Sweden.

NUMBERS

CARDINAL

0	noll	18	arton
1	en/ett	19	nitton
2	två	20	tjugo
3	tre	21	tjugoen/ett
4	fyra	22	tjugotvå
5	fem	30	trettio
6	sex	31	trettioen/ett
7	sju	40	fyrtio
8	åtta	50	femtio
9	nio	60	sextio
10	tio	70	sjuttio
11	elva	80	åttio
12	tolv	90	nittio
13	tretton	100	(ett) hundra
14	fjorton	101	etthundraen/ett
15	femton	200	tvåhundra
16	sexton	1,000	(ett) tusen
17	sjutton	2,000	tvåtusen
		1,000,000	en miljon

ORDINAL

1st	(den, det, de)	18th	artonde
	första	19th	nittonde
2nd	andra	20th	tjugonde
3rd	tredje	21st	tjugoförsta
4th	fjärde	30th	trettionde
5th	femte	40th	fyrtionde
6th	sjätte	50th	femtionde
7th	sjunde	60th	sextionde
8th	åttonde	70th	sjuttionde
9th	nionde	80th	åttionde
10th	tionde	90th	nittionde
11th	elfte	100th	hundrade
12th	tolfte		
13th	trettonde	half	(en) halv
14th	fjortonde	quarter	(en) fjärdedel
15th	femtonde	three quarters	tre fjärdedelar
16th	sextonde		
17th	sjuttonde	a third	en tredjedel

two thirds   två tredjedelar

WEIGHTS AND MEASURES

Distance: kilometres – miles

km.	miles or km.	miles		km.	miles or km.	miles
1·6	1	0·6		14·5	9	5·6
3·2	2	1·2		16·1	10	6·2
4·8	3	1·9		32·3	20	12·4
6·4	4	2·5		40·2	25	15·3
8	5	3·1		80·5	50	31·1
9·7	6	3·7		160·9	100	62·1
11·3	7	4·4		804·7	500	310·7
12·9	8	5·0				

A rough way to convert from miles to km.: divide by 5 and multiply by 8; from km. to miles, divide by 8 and multiply by 5.

Length and height: centimetres – inches

cm.	ins. or cm.	ins.	cm.	ins. or cm.	ins.
2·5	1	0·4	17·8	7	2·8
5·1	2	0·8	20	8	3·2
7·6	3	1·2	22·9	9	3·5
10·2	4	1·6	25·4	10	3·9
12·7	5	2·0	50·8	20	7·9
15·2	6	2·4	127	50	19·7

A rough way to convert from inches to cm.: divide by 2 and multiply by 5; from cm. to inches, divide by 5 and multiply by 2.

Metres – feet

m.	ft or m.	ft		m.	ft or m.	ft
0·3	1	3·3		2·4	8	26·3
0·6	2	6·6		2·7	9	29·5
0·9	3	9·8		3	10	32·8
1·2	4	13·1		6·1	20	65·6
1·5	5	16·4		15·2	50	164
1·8	6	19·7		30·5	100	328·1
2·1	7	23				

A rough way to convert from ft to m.: divide by 10 and multiply by 3; from m. to ft, divide by 3 and multiply by 10.

Metres – yards

m.	yds or m.	yds	m.	yds or m.	yds
0·9	1	1·1	7·3	8	8·8
1·8	2	2·2	8·2	9	9·8
2·7	3	3·3	9·1	10	10·9
3·7	4	4·4	18·3	20	21·9
4·6	5	5·5	45·7	50	54·7
5·5	6	6·6	91·4	100	109·4
6·4	7	7·7	457·2	500	546·8

A rough way to convert from yds to m.: subtract 10 per cent from the number of yds; from m. to yds, add 10 per cent to the number of metres.

Liquid measures: litres – gallons

litres	galls. or litres	galls.		litres	galls. or litres	galls.
4·6	1	0·2		36·4	8	1·8
9·1	2	0·4		40·9	9	2·0
13·6	3	0·7		45·5	10	2·2
18·2	4	0·9		90·9	20	4·4
22·7	5	1·1		136·4	30	6·6
27·3	6	1·3		181·8	40	8·8
31·8	7	1·5		227·3	50	11

1 pint = 0·6 litre   1 litre = 1·8 pint

A rough way to convert from galls. to litres: divide by 2 and multiply by 9; from litres to galls., divide by 9 and multiply by 2.

Weight: kilogrammes – pounds

kg.	lb. or kg.	lb.	kg.	l b. or kg.	lb.
0·5	1	2·2	3·2	7	15·4
0·9	2	4·4	3·6	8	17·6
1·4	3	6·6	4·1	9	19·8
1·8	4	8·8	4·5	10	22·1
2·3	5	11·0	9·1	20	44·1
2·7	6	13·2	22·7	50	110·2

A rough way to convert from lb. to kg.: divide by 11 and multiply by 5; from kg. to lb., divide by 5 and multiply by 11.

Grammes – ounces

grammes	oz.	oz.	grammes
100	3·5	2	57·1
250	8·8	4	114·3
500	17·6	8	228·6
1,000 (1 kg.)	35	16 (1 lb.)	457·2

Temperature: centigrade – fahrenheit

centigrade °C	fahrenheit °F
0	32
5	41
10	50
20	68
30	86
40	104

A rough way to convert from °F to °C: deduct 32 and multiply by $\frac{5}{9}$; from °C to °F, multiply by $\frac{9}{5}$ and add 32.

VOCABULARY

A

a, an	en/ett	ayn/et
able (to be)	kunna	kŭna
about	omkring[1]	om**kring**
above	över	urver
abroad	utomlands	uutawmlands
accept (to)	ta emot	tah e**moot**
accident[2]	en olycka, –n	oolücka
ache	värk, –en	verk
acquaintance	en bekantskap, –en	be**kant**skahp
across	(tvärs)över	(tvairs)**urver**
actor	en skådespelare, –n	skawdespaylare
actress	en skådespelerska, –n	skawdespaylerska
add (to)	lägga till	lega **til**
address	en adress, –en	ad**res**
advice	ett råd, –et	rawd
aeroplane	ett flygplan, –et	flügplahn
afraid (to be)	rädd	red
after	efter	efter
afternoon	en eftermiddag, –en	eftermidahg

1. The stress is usually on the first syllable; in other cases the stressed syllable is printed in bold type.
2. After each noun the ending for the definite form is given (see ESSENTIAL GRAMMAR, p. 13).

again	igen	**iyen**
against	mot	moot
age	ålder, –n	older
agency	en agentur, –en/ en byrå, –n	agen**tuur**/büro
agent	en agent, –en	**agent**
ago	för . . . sedan	furr . . . saydan
agree (to)	samtycka	samtücka
air	luft, –en	lüft
air-conditioning	en luftkonditionering, –en	lüftkondishoonayring
airline	ett flygbolag, et	flügboolahg
airmail	luftpost, –en	lüftpost
airport	en flygplats, –en	flügplats
all	allt	alt
allergy	en allergi, –n	allergee
allow (to)	tillåta	tilawta
all right	bra/allright	brah/(*as English*)
almost	nästan	nestan
alone	ensam	aynsam
along	längs	lengs
already	redan	raydan
alter (to)	ändra	endra

although	fastän	fassten
always	alltid	alteed
ambulance	en ambulans, –en	ambŭ**lans**
American *noun*	en amerikan, –en	ameri**kan**
American *adjective*	amerikansk	ameri**kahnsk**
amuse (to)	underhålla	ŭnder**holla**
amusing	underhållande	ŭnder**hollande**
ancient	gammal	gamal
and	och	ok
angry	arg	ar–y
animal	ett djur, –et	yuur
ankle	en fotled, –en	footlayd
another	en . . . till (*one more*), en annan (*a different one*)	eyn . . . til eyn anan
answer	ett svar, –et	svahr
answer (to)	svara	svahra
antique	antik	an**teek**
any	någon	nawgon
anyone	någon	nawgon
anything	någonting	nawgonting
anywhere	någonstans	nawgonstans
apartment	en våning, –en	vawning

apologize (to)	be om ursäkt	bay om uursekt
apologize (to)	be om ursäkt	bay om uursekt
appetite	aptit, –en	apteet
apple	ett äpple, –t	epler
appointment	ett sammanträffande, –t	samantrefande
April	april	april
architect	en arkitekt, –en	arkitekt
architecture	arkitektur, –en	arkitektuur
arm	en arm, –en	arm
armchair	en fåtölj, –en	fawturl-y
arrange (to)	ordna	ordna
arrival	ankomst, –en	ankomst
arrive (to)	anlända/ankomma	anlenda/ankoma
art	konst, –en	konst
art gallery	ett konstgalleri, –et	konstgaleree
artist	en konstnär, –en	konstner
as	som	som
as much as	så mycket som	saw müket som
as soon as	så snart som	saw snahrt som
as well	också	oksaw
ashtray	ett askfat, –et	askfaht
ask (to)	fråga	frawga
asleep (to be)	sova	sawvva

aspirin	en huvudvärkstablett, –en	huuvŭdverkstablet
at	hos/vid	hoos/veed
at last	äntligen	entligen
at once	genast	yaynast
atmosphere	atmosfär, –en	atmoos**fer**
attention	uppmärksamhet, –en	ŭpmerksamhayt
August	augusti	aŭgusti
aunt	tant	tant
Australia	Australien	aŭst**rah**lien
Australian	en australiensare, –n	aŭstrahli**en**sare
author	en författare, –n	furr**fat**are
autumn	höst, –en	hurst
available	tillgänglig	tilyenglig
awake	vaken	vahken
away	bort/borta	bort/borta

B

baby	en baby, –n/ett spädbarn, –et	baybi/spaidbahrn
baby-sitter	en barnvakt, –en	bahrnvakt
back *noun*	en rygg, –en	rüg
back *adverb*	tillbaka	til**bah**ka

bad	dålig	**daw**lig
bad *food*	skämd	shemd
bag	en väska, –n	veska
balcony	en balkong, –en	bal**kong**
ball *dance*	en dans, –en	dans
ball *sport*	en boll, –en	bol
ballpoint pen	en kulspetspenna, –n	kuulspetspena
ballet	en ballet, –en	balet
banana	en banan, –en	ba**nahn**
band *music*	en orkester, –n	or**kest**er
bandage	ett förband, et	furr**band**
bank	en bank, –en	bangk
bar	en bar, –en	bahr
barber	en barberare, –n	bar**bay**rare
basket	en korg, –en	kory
bath	ett bad, –et	bahd
bathe (to)	bada	bahda
bathing cap	en badmössa, –n	**bahd**mursa
bathing costume	en baddräkt, –en	**bahd**drekt
bathing trunks	badbyxor, –na	**bahd**büxoor
bathroom	ett badrum, –met	**bahd**rüm
battery	ett batteri, –et	bate**ree**
bay	en vik, –en	veek

be (to)	vara	vahra
beach	en strand, –en	strand
beard	et skägg, –et	sheg
beautiful	vacker	vaker
because	därför att	dairfurr at
bed	en säng, –en	seng
bedroom	ett sovrum, –met	sawvrum
beef	oxkött, –et	ookschurt
beer	öl, –et	url
before	före/innan/förut	furre/innan/furrŭt
begin (to)	börja	burya
beginning	en början, –en	buryan
behind	bakom	bahkom
believe (to)	tro	troo
bell	en klocka, –n	kloka
belong (to)	tillhöra	tilhurra
below	under	ŭnder
belt	ett skärp, –et	sherp
berth	en koj, –en	koy
best	bäst	best
better	bättre	betre
between	mellan	melan
bicycle	en cykel, –n	sükel

big	stor	stoor
bill	en nota, –n	noota
bird	en fågel, –n	fawgel
birthday	en födelsedag, –en	furdelsedahg
bite (to)	bita	beeta
black	svart	svart
blanket	en filt, en	filt
bleach (to)	bleka	blayka
bleed (to)	blöda	blurda
blister	en blåsa, –n	blawsa
blood	blod, –et	blood
blouse	en blus, –en	bluus
blue	blå	blaw
board (on)	ombord	om**boord**
boarding house	ett pensionat, –et	penshoo**naht**
boat	en båt, –en	bawt
body	en kropp, –en	krop
bolster	ett täcke, –t	teke
bone	ett ben, –et	bayn
book	en bok, –en	book
book (to)	boka/beställa	booka/be**stela**
booking office	ett biljettkontor, –et	bil**yet**kontoor
bookshop	en bokhandel, –n	bookhandel

borrow (to)	låna	lawna
both	båda	bawda
bottle	en flaska, –n	flaska
bottle opener	en kapsylöppnare, –n	kaps**ü**lurpnare
bottom	botten, bottnen	boten
bowl	en skål, –en	skawl
box	en låda, –n/ en ask, –en	lawda/ask
box office	ett biljettkontor, –et	bil**y**etkontoor
boy	en pojke, –en	poyke
bracelet	ett armband, –et	armband
braces	hängslen	hengslen
brandy	konjak, –en	konyak
brassiere	en behå, –n	bayhaw
bread	bröd, –et	brurd
break (to)	bryta	brüta
breakfast	en frukost, –en	fr**ŭ**kost
breathe (to)	andas	andas
bridge	en bro, –n	broo
briefs	underbyxor	**ŭ**nderbüxoor
bright	lysande/klar	lüsande/klahr
bring (to)	ta med	tah **mayd**
British	brittisk	britisk

broken	trasig	trahsig
brooch	en brosch, –en	brawsh
brother	en broder, –n	brooder
brown	brun	bruun
bruise	ett blåmärke, –t	blawmerke
bruise (to)	skada	skahda
brush	en borste, –n	borste
bucket	en spann, –en	span
build (to)	bygga	büga
building	en byggnad, –en	bügnad
buoy	en boj, –en	boy
burn (to)	bränna/brinna	brena/brina
burst (to)	brista	brista
bus	en buss, –en	bŭs
bus stop	en busshållplats, –en	bŭsholplats
business	affärer, –na	a**fer**er
busy	upptagen	ŭptahgen
but	men	men
butane gas	gasol, –en	ga**sawl**
butter	smör, –et	smurr
button	en knapp, –en	knap
buy (to)	köpa	churpa
by	vid/av	veed/ahv

C

cabin	en hytt, –en	hüt
cable	ett telegram, –met	tele**gram**
cafe	ett kafé, –et	ka**fay**
cake	en kaka, –n	kahka
call (to) *summon*	ropa på	roopa paw
call (to) *visit*	hälsa på	helsa **paw**
camera	en kamera, –n	kahmera
camp (to)	campa/tälta	kampa/telta
camp site	en campingplats, –en	kampingplats
can (to be able)	kunna	kŭna
can *tin*	en (konserv)burk, –en	kon**serv**bŭrk
Canada	Kanada	kanada
Canadian	kanadensisk	kana**den**sisk
cancel (to)	avbeställa	ahvbestela
canoe	en kanot, –en	ka**noot**
cap	en mössa, –en	mursa
capital city	en huvudstad, –en	huuvŭdstahd
car	en bil, –en	beel
car licence	ett körkort, –et	kurrkoort
car park	en parkeringsplats, –en	par**kayr**ingsplats
carafe	en karaff, –en	ka**raf**

caravan	en husvagn, –en	huusvang-n
careful	försiktig	furr**siktig**
carry (to)	bära	bera
cash (to)	lösa in	lursa **in**
cashier	en kassör, –en	ka**surr**
casino	ett casino, –t	ka**seenoo**
castle	ett slott, –et	slot
cat	en katt, –en	kat
catalogue	en katalog, –en	kata**lawg**
catch (to)	fånga	fonga
cathedral	en domkyrka, –n	doomchürka
catholic	katolsk	ka**toolsk**
cave	en grotta, –n	grota
centre	ett centrum	sentrŭm
century	ett århundrade, –t	awrhŭndrade
ceremony	en ceremoni, –n	seremoo**nee**
certain	säker	seker
chair	en stol, –en	stool
chambermaid	en städerska, –n	staiderska
champagne	champagne	sham**pan**–y
change (small)	småväxel, –n	smawvexel
change (to)	växla	vexla
charge	ett pris, –et	prees

charge (to)	ta betalt	tah be**tahlt**
cheap	billig	bilig
check (to)	kontrollera	kontro**layra**
cheek	en kind, –en	chind
cheese	ost, –en	oost
chemist *toilet goods*	en färghandel, –n	fer-yhandel
chemist *medicines*	ett apotek, –et	apoo**tayk**
cheque	en check, –en	chek
chest	en bröstkorg, –en	brurstkor-y
chicken	en kyckling, –en	chükling
child	en barn, –et	bahrn
children's compartment[1]	en barnkupé, –n	bahrnkŭpay
chill	kyla, –n	chüla
chin	en haka, –n	hahka
china	porslin, –et	por**sleen**
chocolate	choklad, –en	shook**lahd**
Christmas	en jul, –en	yuul
church	en kyrka, –n	chürka
cider	äppelvin, –et	epelveen
cigar	en cigarr, –en	**sigar**
cigarette	en cigarrett, –en	sigar**et**

1. Train compartment equipped for mothers with babies and young children.

cigarette case	ett cigarrettetui, –et	siga**ret**et**ŭ**ee
cigarette lighter	en cigarrettändare, –n	siga**ret**tendare
ciné camera	en filmkamera, –n	filmkahmera
cinema	en bio(graf), bion (biografen)	beeoo, beeoo**grahf**
circus	en cirkus, –en	sirk**ŭ**s
city	en stad, –en	stahd
clean *adjective*	ren	rayn
clean (to)	rengöra	raynyurra
cliff	en klippa, –n	klipa
cloakroom	ett kapprum, –met	kapr**ŭ**m
clock	en klocka, –n	kloka
close (to)	stänga	stenga
closed	stängt	stengt
cloth	ett tyg, –et	tüg
clothes	kläder, –na	kleider
coach	en buss, –en	b**ŭ**s
coast	en kust, –en	k**ŭ**st
coat	en kappa, –n/en rock, –en	kapa/rok
coffee	kaffe, –t	kafeh
coin	ett mynt, –et	münt
cold	kall	kal

cold	en förkylning, –en	furr**chü**lning
collar	en krage, –n	krahgeh
collar stud	en kragknapp, –en	krahgknap
colour	en färg, –en	fer–y
colour film	en färgfilm, –en	fer–yfilm
colour rinse	en tonande sköljning	toonande shurl–yning
comb	en kam, –men	kam
come (to)	komma	koma
come in (to)	stiga in	steega in
comfortable	bekväm	bek**vem**
compartment *train*	en kupé, –n	kŭ**pay**
complain (to)	klaga	klahga
complete	fullständig	fülstendig
concert	en konsert, –en	kon**sair**
conductor *bus*	en konduktör, –en	kondŭk**turr**
conductor *orchestra*	en dirigent, –en	diri**shent**
congratulations	lyckönskningar	lükurnskningar
connection *train, etc.*	anslutning, –en	ansluutning
consul	en konsul, –n	kon**sül**
consulate	ett konsulat, –et	konsü**laht**
contain (to)	innehålla	inehola
convenient	lämplig	lemplig

convent	ett (nunne) kloster, klostret	(nŭne)kloster
conversation	ett samtal, –et	samtahl
cook	en kock, –en	kok
cook (to)	laga mat	lahga maht
cool	sval	svahl
copper	koppar, –en	kopar
cork	en kork, –en	kork
corkscrew	en korkskruv, –en	korkskruuv
corner	ett hörn, –et	hurrn
correct	riktig	riktig
corridor	en korridor, –en	kori**dawr**
cosmetics	skönhetsmedel/ kosmetika	shurnhetsmaydel
cost	ett pris, –et	prees
cost (to)	kosta	kosta
cotton	ett bomullstyg, –et	boomŭlstüg
cotton wool	bomull, –en	boomŭl
couchette	en couchette	koo**shet**
cough	en hosta, –n	hoosta
count (to)	räkna	rekna
country *nation*	ett land, –et	land
country(side)	landsbygd, –en	landsbügd

cousin	en kusin, –en	k**ŭseen**
cover charge	en kuvertavgift, –en	kŭv**air**tavyift
cramp	kramp, –en	kramp
cream *cosmetic*	en kräm, –en	krem
cross	ett kors, –et	kors
cross (to)	korsa	korsa
crossroads	en vägkorsning, –en	vegkorsning
cufflinks	manschettknappar, –na	man**shet**knapar
cup	en kopp, –en	kop
cupboard	ett skåp, –et	skawp
cure (to)	bota	boota
curl	en lock, –en	lok
current	en ström, –men	strurm
curtain	en gardin, –en	gar**deen**
cushion	en kudde, –en	kŭdde
custard	vaniljsås, –en	van**il-y**saws
customs	tull, –en	tŭl
customs officer	en tulltjänsteman, –nen	tŭlchensteman
cut	ett snitt, –et	snit
cut (to)	klippa/skära	klipa/shera

D

daily	dagligen	dahgligen
damaged	skadad	skahdad
damp	fuktig	fŭktig
dance	en dans, –en	dans
dance (to)	dansa	dansa
danger	en fara, –n	fahra
dangerous	farlig	fahrlig
Danish	dansk	dansk
dark	mörk	murrk
date *calendar*	ett datum, –et	dahtum
daughter	en dotter, –n	doter
day	en dag, –en	dahg
dead	död	durd
deaf	döv	durv
dear	kär	cher
dear *expensive*	dyr	dür
December	december	desember
deckchair	en liggstol, –en	ligstool
declare (to)	förtulla	furrtüla
deep	djup	yuup
delay	en försening, –en	furrsayning
deliver (to)	sända	senda

delivery	försändning	furr**send**ning
demi-pension	halvpension, –en	halvpanshoon
Denmark	Danmark	danmark
dentist	en tandläkare, –n	tandlekare
deodorant	en deodorant, –en	deodo**rant**
depart (to)	avresa	ahvraysa
department	en avdelning, –en	ahvdaylning
department store	ett varuhus, –et	vahrŭhuus
departure	en avresa, –n	ahvraysa
detour	en omväg, –en	omvayg
develop (to) *film*	framkalla	framkala
diamond	en diamant, –en	dia**mant**
dictionary	en ordlista, –n	oordlista
diet	en diet, –en	di**ayt**
diet (to)	hålla diet	hola di**ayt**
different	annorlunda	anorlŭnda
difficult	svår	svawr
dine (to)	äta (middag)	eta (midag)
dining room	en matsal, –en	mahtsahl
dinner	en middag, –en	midag
direction	en riktning, –en	riktning
dirty	smutsig	smŭtsig
discotheque	ett diskotek, –et	diskoo**tayk**

dish	ett fat, –et	faht
disinfectant	ett desinficerings- medel, –medlet	desinfi**sayr**ingsmedel
distance	ett avstånd, –et	ahvstond
disturb (to)	störa	sturra
dive (to)	dyka	düka
diving board	en trampolin, –en	trampoo**leen**
divorced	frånskild	frawnshild
dizzy	yr	ür
do (to)	göra	yurra
dock (to)	lägga till	lega **til**
doctor	en doktor, –n/en läkare, –n	doktoor/lekare
dog	en hund, –en	h**ŭ**nd
doll	en docka, –n	doka
dollar	en dollar, –n	dolar
door	en dörr, –en	durr
double	dubbel	d**ŭ**bel
double bed	en dubbelsäng, –en	**d**ŭ**bel**seng
double room	ett dubbelrum, –met	**d**ŭ**bel**r**ŭ**m
down(stairs)	där nere	der nayreh
dozen	ett dussin, –et	d**ŭ**sin
drawer	en låda, –n	lawda

dress	en klänning, –en	klening
dressmaker	en sömmerska, –n	surmerska
drink (to)	dricka	drika
drinking water	dricksvatten, –vattnet	driksvaten
drive (to)	köra	churra
driver	en förare, –n	furrare
driving licence	ett körkort, –et	churkoort
dry	torr	tor
duck	en anka, –n	angka
during	under	ŭnder

E

each	varje	vahrye
ear	ett öra, –t	urra
earache	örsprång, –et	urrsprong
early	tidigt	teedigt
earrings	örhängen	urrhengen
east	öster	urster
Easter	en påsk, –en	posk
easy	lätt	let
eat (to)	äta	eta
egg	ett ägg, –et	eg

elastic	ett gummiband, –et	gŭmiband
elbow	en armbåge, –n	armbawgeh
electric-light bulb	en glödlampa, –en	glurdlampa
electric point	ett vägguttag, –et	veguuttahg
elevator	en hiss, –en	his
embassy	en ambassad, –en	amba**sahd**
emergency exit	en reservutgång, –en	re**serv**uutgong
empty	tom	toom
end	et slut, –et	sluut
engine	en motor, –n	mootoor
England	England	england
English	engelsk	engelsk
enlargement	en förstoring, –en	furr**stooring**
enough	nog	noog
entrance	en ingång, –en	ingong
envelope	ett kuvert, –et	kŭver(t)
equipment	en utrustning, –en	uutrŭstning
Europe	Europa	ayŭ**roopa**
evening	en kväll, –en	kvel
every	varje	vahryeh
everybody	alla	ala
everything	allt	alt
everywhere	överallt	urver**alt**

example	ett exempel, –plet	ex**em**pel
except	utom	**uu**tom
excess	extra	**ex**tra
exchange (bureau)	ett växelkontor, –et	**vex**elkontoor
exchange rate	en växelkurs, –en	**vex**elkŭrs
excursion	en utflykt, –en	**uu**tflükt
exhibition	en utställning, –en	**uv**tstelning
exit	en utgång, –en	**uu**tgong
expect (to)	vänta sig	**ven**ta sig
expensive	dyr	dür
express	express	ex**pres**
express train	ett expresståg, –et	ex**pres**tawg
eye	ett öga, –t	**ur**ga
eye shadow	en ögonskugga, –n	**ur**gonskŭga

F

face	ett ansikte, –t	**an**sikte
face cream	en ansiktskräm, –en	**an**siktskrem
face powder	ett puder, –ret	**puu**der
factory	en fabrik, –en	fab**reek**
faint (to)	svimma	**svi**ma
fair *colour*	ljus	yuus

fall (to)	falla	fala
family	en familj, –en	famil–y
far	långt	longt
fare	en biljett, en	bil**yet**
farm	en lantgård, –en	lantgawrd
farther	längre	lengreh
fashion	ett mode, –t	moode
fast	snabb	snab
fat	fet/tjock	fayt/chok
father	en fader, –n	fahder
fault	ett fel, –et	fayl
February	februari	febru**ahri**
feel (to)	känna/känna sig	chena/chena sig
ferry	en färja, –n	fer–ya
fetch (to)	hämta	hemta
few (a)	några (få)	nogra (faw)
field	ett fält, –et	felt
fill (to)	fylla	füla
film	en film, –en	film
find (to)	finna	fina
fine	fin	feen
finger	ett finger, –gret	finger
finish (to)	sluta	sluuta

finished	slut	sluut
Finland	Finland	finland
Finnish	finsk	finsk
fire	en eld, –en	eld
first	först	furrst
first class	första klass	furrsta klas
fish	en fisk, –en	fisk
fish (to)	fiska	fiska
fisherman	en fiskare, –n	fiskare
fishmonger	en fiskhandlare, –n	fiskhandlare
fit (to)	passa	pasa
flag	en flagga, –n	flaga
flat	en våning, –en/ en lägenhet, –en	vawning/legenhayt
flat	platt	plat
flight	ett flyg, –et	flüg
flint *lighter*	en flinta, –n	flinta
flood	en översvämning, –en	urversvemning
floor	ett golv, –et	golv
floor *storey*	en våning, –en	vawning
floor show	underhållning, –en/ uppträdande, –et	ŭnderholning/ ŭptredande
florist	en blomsterhandlare, –n	bloomsterhandlare

flower	en blomma, –n	blooma
fly	en fluga, –n	fluuga
fly (to)	flyga	flüga
follow (to)	följa	furlya
food	mat, –en	maht
foot	en fot, –en	foot
football	en fotboll, –en	footbol
footpath	en gångstig, –en	gongsteeg
for	för	furr
forehead	en panna, –n	pana
forest	en skog, –en	skoog
forget (to)	glömma	glurma
fork	en gaffel, –n	gafel
forward	framåt	framawt
forward (to)	vidarebefordra	veedarebefoordra
fracture	ett brott, –et	brot
fragile	bräcklig/ömtålig	breklig/urmtawlig
free	fri/ledig/gratis	free/laydig/grahtis
fresh	färsk/fräsch	fersk/fraysh
fresh water	sötvatten, sötvattnet	surtvaten
Friday	fredag, –en	fraydahg
friend	en vän, –nen	ven
from	från	frawn

front	en framsida, –n	framseeda
frontier	en gräns, –en	grens
frozen	frusen	fruusen
fruit	en frukt, –en	frŭkt
fruiterer	en fruktaffär, –en	frŭktafer
fruit juice	fruktsaft, –en,/ juice, –n	frŭktsaft/ yoos
full	full	fŭl
full board	helpension, –en	haylpanshoon
funny	rolig/lustig	roolig/lŭstig
fur	en päls, –en	pels

G

gallery	ett galleri, –et	gale**ree**
gamble (to)	spela om pengar	spayla om pengar
game	ett spel, –et	spayl
garage	ett garage, –t/ en bilverkstad, –en/ en bensinstation, –en	ga**rahsh**/ beelverkstahd/ ben**seen**stashoon
garden	en trädgård, –en	tredgawrd
garlic	en vitlök, –en	veetlurk
gas	en gas, –en	gahs
gate	en grind, –en/ en port, –en	grind/poort

gentlemen	herrar	herar
get (to)	få	faw
get off (to)	stiga av	steega **ahv**
get on (to)	stiga på	steega **paw**
gift	en present, –en/ en gåva, –n	pre**sent**/gawva
girdle	en gördel, –n	yurrdel
girl	en flicka, –n	flika
give (to)	ge/giva	yay/yeeva
glad	glad	glahd
glass	ett glas, –et	glahs
glasses	glasögon, –en	glahsurgon
glove	en handske, –n	handske
go (to)	gå/resa	gaw/raysa
God	Gud	guud
gold	guld, –et	gŭld
good	bra/god	brah/good
goodbye	adjö	a**yur**
good day, morning	goadag, godmorgon	good**ahg**, good**mor**gon
good evening	godkväll	good**kvel**
good night	godnatt	good**nat**
government	en regering, –en	rey**ay**ring

grandchild	ett barnbarn, –et	bahrnbahrn
grandfather	en farfar, farfadern/ en morfar, morfadern	farfar/moorfar
grandmother	en farmor, farmodern/en mormor, mormodern	farmoor/moormoor
grape	en vindruva, –n	veendruuva
grapefruit	en grapefrukt, –en	graypfrükt
grass	gräs, –et	grays
grateful	tacksam	taksam
great	stor	stoor
green	grön	grurn
grey	grå	graw
guarantee	en garanti, –n	garantee
guest	en gäst, –en	yest
guide	en guide, –n	*as English*
guide book	en turisthandbok, –en	türisthandbook

H

hair	hår, –et	hawr
hair brush	en hårborste, –n	hawrborste
haircut	en klippning, –en	klipning

hairdresser	en hårfrisör, –en/en hårfrisörska, –n	hawrfrisurr/–frisurska
hairpin	en hårnål, –en	hawrnawl
half	halv	halv
half fare	en halv biljett	ayn halv bilyet
ham	skinka, –n	shingka
hand	en hand, –en	hand
handbag	en handväska, –n	handveska
handkerchief	en näsduk, –en	nesduuk
hanger	en klädhängare, –n	kledhengare
happen (to)	hända	henda
happy	lycklig	lüklig
harbour	en hamn, –en	hamn
hard	hård	hord
hat	en hatt ,–en	hat
have (to)	ha/hava	hah/hahva
he	han	han
head	ett huvud, –et	huuvŭd
headache	huvudvärk, –en	huuvŭdverk
head waiter	en hovmästare, –n	hawmestare
health	hälsa, –n	helsa
hear (to)	höra	hurra
heart	ett hjärta, –t	yerta

heat	värme, –n	vermer
heating	värme, –n	vermer
heavy	tung	tŭng
heel *foot*	en häl, –en	hel
heel *shoe*	en klack, –en	klak
help	hjälp, –en	yelp
help (to)	hjälpa	yelpa
her *pronoun*	henne	hener
her *adjective*	hennes	henes
here	här/hit	her/heet
high	hög	hurg
hill	en backe, –n	bakke
him	honom	honom
hip	en höft, –en	hurft
hire (to)	hyra	hüra
his	hans	hans
hitch-hike (to)	lifta	lifta
holiday	en semester, –n	se**mes**ter
home (at)	hemma	hema
honey	honung, –en	haw**nŭ**ng
horse	en häst, –en	hest
horse-races	hästkapplöpningar	hestkaplurpningar
hospital	ett sjukhus, –et	shuukhuus

hot	het/varm	hayt/varm
hotel	ett hotell, –et	hootel
hotel keeper	en hotellinnehavare, –n	hootelinehahvare
hot water bottle	en värmeflaska, –n	vermeflaska
hour	en timme, –n	timme
house	ett hus, –et	huus
how ?	hur ?	huur
how much, many ?	hur mycket/hur många ?	huur müket/huur monga
hungry (to be)	vara hungrig	vahra hŭngrig
hurry (to)	skynda sig	shünda sig
hurt (to)	göra ont/skada	yurra **oont**/skahda
husband	en man, –nen/en make, –n	man/mahke

I

I	jag	yahg
ice	is, –en	ees
ice cream	en glas, –en	glas
if	om	om
ill	sjuk	shuuk
illness	en sjukdom, –en	shuukdoom

immediately	genast	yaynast
important	viktig	viktig
in	in	in
include	inbegripa	inbegreepa
included	inbegripet	inbegreepet
inconvenient	olämplig	oolemplig
incorrect	felaktig	faylaktig
indigestion	matsmältningsbesvär, –et	mahtsmeltningsbesvair
information	en upplysning, –en	ŭplüsning
ink	bläck, –et	blek
inn	ett värdshus, –et/ en gästgivaregård, –en	verdshuus/ yestyeevaregawrd
inquiries	upplysningar	ŭplüsningar
insect	en insekt, –en	insekt
insect bite	ett insektsbett, –ett	insektsbet
insect repellent	ett insektsmedel, –medlet	insektsmaydel
inside	inne	inne
instead	i stället	i **stelet**
insurance	en försäkring, –en	furr**sekring**
insure (to)	försäkra	furr**sekra**
interesting	intressant	intre**sant**

interpreter	en tolk, –en	tolk
into	i/in i	ee/in ee
introduce (to)	presentera	presen**tayra**
invitation	en inbjudan, –	inbjuudan
invite (to	inbjuda	inbjuuda
Ireland	Irland	irland
Irish	irländsk	irlendsk
iron (to)	stryka	strüka
island	en ö, –n	ur
it	den, det	den, dayt

J

jacket	en jacka, –n	yaka
jam	sylt, –en	sült
January	januari	yanü**ahri**
jar	en burk, –en	bŭrk
jaw	en käke, –n	chaike
jellyfish	en manet, –en	ma**net**
jeweller	en juvelerare, –n/en guldsmed , –en	yŭve**lay**rare/ gŭldsmayd
jewellery	ett smycke, –t	smüke
journey	en resa, –n	raysa
juice	juice, –n/saft, –en	yoos/saft

July	juli	yuuli
jumper	en jumper, –n/en tröja, –n	yŭmper/trurya
June	juni	yuuni

K

keep (to)	behålla	behola
key	en nyckel, –n	nükel
kidney	en njure, –n	nyuure
kind	en sort, –en	sort
king	en kung, –en	kŭng
kitchen	ett kök, –et	churk
knee	ett knä, –et	k-ne
knickers/briefs	trosor/kalsonger	troosoor/kalsonger
knife	en kniv, –en	kneev
know (to) *fact*	veta	vayta
know (to) *person*	känna	chena

L

label	en etikett, –en	etiket
lace	spets, –en	spets
ladies	damer	dahmer
lake	en sjö, –n	shur

lamp	en lampa, –n	lampa
landord/lady	en värd, –en/en värdinna, –n	verd/verdinna
lane	en fil, –en	feel
language	ett språk, –et	sprawk
large	stor	stoor
last	sist	sist
late	sen	sayn
laugh (to)	skratta	skrata
lavatory	en toalett, –en	tooalet
lavatory paper	toalettpapper, –et	tooaletpaper
law	en lag, –en	lahg
laxative	ett laxermedel, –medlet	laxayrmaydel
lead (to)	leda	layda
learn (to)	lära sig	lera sig
leather	läder, –dret	leder
leave (to) *abandon*	lämna	lemna
leave (to) *go away*	resa	raysa
left	vänster	venster
left luggage	godsinlämning, –en/ effektförvaring, –en	goodsinlemning efektfurrvahring
lemon	en citron, –en	sitroon

lemonade	en lemonad, –en,/en läskedryck, –en	lemoo**nahd**/leskedrük
lend (to)	låna	lawna
length	en längd, –en	lengd
less	mindre	mindre
let (to) *allow*	låta	lawta
let (to) *rent*	hyra	hüra
letter	ett brev, –et	brayv
lettuce	grönsallad, –en	grurnsalad
library	ett bibliotek, –et	biblioo**tayk**
licence	ett tillstånd, –et	tilstond
life	ett liv, –et	leev
lift	en hiss, –en	hiss
light	ljus	yuus
light *weight*	lätt	let
lighter fuel	bensin för cigarrettändare	ben**seen** furr siga**rett**endare
lighthouse	en fyr, –en	für
like (to)	tycka om	tüka **om**
linen	linne, –t	linne
lip	en läpp, –en	lep
lipstick	ett läppstift, –et	lepstift
listen	lyssna	lüsna

little *amount*	lite	leete
little *size*	liten	leeten
live (to)	leva	layva
loaf	ett bröd, –et	brurd
local	lokal	look**ahl**
lock	ett lås, –et	laws
long	lång	long
look (to)	titta/se	tita/say
look (to) *seem*	se ut	say **uut**
look for (to)	leta efter	layta efter
lorry	en lastbil, –en	lastbeel
lose (to)	tappa	tapa
lost property office	ett hittegodskontor, –et	hitegoodskontoor
loud	hög	hurg
lovely	underbar/vacker	ŭnderbahr/vaker
low	låg	lawg
luggage	ett bagage, –t	bag**ahsh**
lunch	en lunch, –en	lŭnsh

M

magazine	en tidskrift, –en	teedskrift
maid	en tjänstflicka, –n	chenstflika

mail	post, –en	post
main street	en huvudgata, –n	huuvŭdgahta
make (to)	göra	yurra
make-up	make-up, –en	*as English*
man	en man, –nen	man
manager	en föreståndare, –n	furrestondare
manicure	manikyr, –en	mani**kür**
many	många	monga
map	en karta, –n	kahrta
March	mars	mars
market	en marknad, –en	marknad
marmalade	marmelad, –en	marme**lahd**
married	gift	yift
Mass	en högmässa, –n	hurgmesa
match	en tändsticka, –n	tendstika
match *sport*	en match, –en	matsh
material	ett tyg, –et	tüg
mattress	en madrass, –en	mad**ras**
May	maj	ma-y
me	mig	mig
meal	en måltid, –en	mawlteed
measurements	mått	mot
meat	kött, –et	churt

medicine	en medicin, –en	medi**ceen**
meet (to)	träffa	trefa
melon	en melon, –en	me**loon**
mend (to)	laga	lahga
menu	en matsedel, –n/en meny, –n	mahtsaydel/me**nü**
message	ett meddelande, –t	maydelande
metal	en metall, –en	me**tal**
midday	en middag, –en	midahg
middle	mitten	miten
midnight	midnatt, –en	meednat
mild	mild/svag	mild/svahg
milk	mjölk, –en	myurlk
mineral water	mineralvatten, –net	mine**rahl**vaten
minute	en minut, –en	minuut
mirror	en spegel, –n	spaygel
Miss	fröken	frurken
miss (to) *train, etc.*	missa	misa
mistake	ett misstag, –et	mistahg
modern	modern	moo**dern**
moment	ett ögonblick, –et	urgonblik
monastery	ett (munk)kloster, –stret	(mungk)kloster

Monday	måndag	mondahg
money	pengar	pengar
money order	en postanvisning, –en	postan**vees**ning
month	en månad, –en	mawnad
monument	ett monument, –et	mon**ŭment**
more	mera	mayra
morning	en morgon, –en	morgon
mosquito	en mygga, –n	müga
mother	en moder, –n	mooder
motor	en motor, –n	mootoor
motor boat	en motorbåt, –en	mootoorbawt
motor cycle	en motorcykel, –n	mootoorsükel
motor racing	en biltävling, –en	beeltevling
motorway	en motorväg, –en	mootoorveg
mountain	ett berg, –et	ber-y
mouth	en mun, –nen	mun
Mr	herr	herr
Mrs	fru	fruu
much	mycket	müket
museum	ett museum, museet	mŭsa**yŭm**
mushroom	en svamp, –en	svamp
music	musik, –en	mu**seek**
mustard	senap, –en	saynap

| mutton | lamm | lam |
| my, mine | min | meen |

N

nail *finger*	en nagel, –n	nahgel
nailbrush	en nagelborste, –n	nahgelborste
nailfile	en nagelfil, –en	nahgelfeel
name	ett namn, –et	namn
napkin	en serviett, –en	ser**vet**
nappy	en blöja, –n	blurya
narrow	trång	trong
near	nära	nera
necessary	nödvändig	nurdvendig
neck	en hals, –en	hals
necklace	ett halsband, –et	halsband
need (to)	behöva	be**hurva**
needle	en nål, –en	nawl
never	aldrig	aldrig
new	ny	nü
news	nyheter	nühayter
newspaper	en (dags)tidning, –en	(dags)teedning
next	nästa	nesta
nice	trevlig	trayvlig

night	en natt, –en	nat
nightclub	en nattklubb, –en	natklŭb
nightdress	ett nattlinne, –t	natlinne
no	nej	ney
nobody	ingen	ingen
noisy	bullrig	bulrig
none	ingen	ingen
north	norr	nor
Norway	Norge	norge
Norwegian	norsk	norsk
nose	en näsa, –n	nesa
not	inte	inteh
note	en sedel, –n	saydel
notebook	en anteckningsbok, –en	antekningsbook
nothing	ingenting	ingenting
notice	ett anslag, –et	anslahg
notice (to)	märka	merka
novel	en roman, –en	roo**mahn**
November	november	noo**vem**ber
number	ett nummer, –umret/ ett antal, –et	numer/antahl
nurse	en sjuksköterska, –n	shuukshurterska

nut (to eat)	en nöt, –en	nurt
nut (and bolt)	en mutter, –n	mŭter
nylon	nylon, –et	**nülawn**

O

occupied	upptagen	ŭptahgen
ocean	ett hav, –et	hahv
October	oktober	ok**too**ber
odd *strange*	konstig	konstig
of	av	ahv
office	ett kontor, –et	kon**toor**
official	officiell	ofisi**el**
often	ofta	ofta
oil	olja, –n	olya
ointment	en salva, –n	salva
old	gammal	gamal
olive	en oliv, –en	oo**leev**
on	på	paw
once	en gång	ayn gong
only	bara	bahra
open *adjective*	öppet	urpet
open (to)	öppna	urpna
opera	en opera, –n	oopera

operation	en operation, –en	opera**shoon**
opposite	mitt emot	mit **emoot**
optician	en optiker, –n	optiker
or	eller	eler
orange	brandgul	brandguul
orchestra	en orkester, –n	or**kester**
order (to)	beställa	be**stela**
ordinary	vanlig	vahnlig
other	annan	anan
our, ours	vår	vawr
out(side)	ute	uute
out of order	i olag	ee oolahg
over	över	urver
overcoat	en ytterrock, –en	üterrok
over there	där borta	der borta
owe (to)	vara skyldig	vahra sh**ül**dig
owner	ägare	egare

P

pack (to)	packa	paka
packet	ett paket, –et	pa**kayt**
page	en sida, –n	seeda

paid	betald	betahld
pain	en smärta, –n	smerta
paint (to)	måla	mawla
painting	en målning, –en	mawlning
pair	ett par, –et	pahr
palace	ett slott, –et	slot
pale	blek	blayk
paper	ett papper, –et	paper
paraffin	fotogen, –et	footooshayn
parcel	ett paket, –et	pakayt
park	en park, –en	park
park (to)	parkera	parkayra
part	en del, –en	dayl
parting *hair*	en bena, –n	bayna
pass (to)	gå förbi	gaw furrbee
passenger	en passagerare, –n	pasashayrare
passport	ett pass, –et	pas
path	en stig, –en	steeg
patient	en patient, –en	pasient
pavement	en trottoar, –en	trotoahr
pay (to)	betala	betahla
peach	en persika, –n	persika
pear	ett päron, –et	peron

pearl	en pärla, –en	perla
peas	ärtor	ertoor
pedestrian	en fotgängare, –n	footyengare
pen	en penna, –n	pena
(fountain) pen	en bläckpenna, –n/ en reservoarpenna, –n	blekpena/ reservo**ahr**pena
pencil	en blyertspenna, –n	blüertspena
penknife	en pennkniv, –en	penk-neev
people	ett folk, –et	folk
pepper	peppar, –n	pepar
performance	en föreställning, –en	furrestelning
perfume	en parfym, –en	parf**üm**
perhaps	kanske	kanshe
perishable	ömtålig	urmtawlig
perm	en permanent, –en	perman**ent**
permit	ett tillstånd, –et	tilstond
permit (to)	tillåta	tilawta
person	en person, –en	pers**oon**
personal	personlig	pers**oon**lig
petrol	bensin, –en	bens**een**
petrol can	en bensindunk, –en	bens**een**dunk
petrol station	en bensinstation, –en	bens**een**stashoon

photograph	ett fotografi, –et	fotoografee
photographer	en fotograf, –en	fotoo**grahf**
piano	ett piano, –t	pyahno
picnic	en utflykt, –en	uutflükt
piece	en bite, –en	beet
pillow	en kudde, –n	kude
pin	en knappnål, –en	knapnawl
pin (safety)	en säkerhetsnål, –en	sekerhaytsnawl
pineapple	en ananas, –en	ananas
pink	skär/rosa	sher/rawsa
pipe	en pipa, –n	peepa
place	en plats, –en	plats
plain	enkel	enkel
plan	en plan, –en	plahn
plaster (adhesive)	ett plåster, –tret	ploster
plastic	plast, –en	plast
plate	en tallrik, –en	talrik
platform	en plattform, –en	platform
play (to)	spela/leka	spayla/layka
play	ett skådespel, –et	skawdespayl
please	varsågod/tack	vahrso**good**/tak
plug *bath*	en propp, –en	prop
plug *electric*	en kontakt, –en	kon**takt**

plum	ett plommon, –et	plomon
pocket	en ficka, –n	fika
point	en punkt, –en	punkt
poisonous	giftig	yiftig
policeman	en polis, –en	po**lees**
police station	en polisstation, –en	po**lees**stashoon
poor	fattig	fatig
pope	en påve, –n	pawveh
popular	populär	pop**üler**
port	en hamn, –en	hamn
porter	en bärare, –n	berare
possible	möjlig	murylig
post (to)	posta	posta
post box	en brevlåda, –n	brayvlawda
postcard	ett vykort, –et	vükoort
postman	en brevbärare, –n	brayvberare
post office	ett postkontor, –et	postkontoor
poste restante	post restante	poste res**tante**
potato	en potatis, –en	poo**tahtis**
pound	ett pund, –et	pund
powder	puder, –et	puuder
prefer (to)	föredra	furredrah
prepare (to)	förbereda	furrberayda

prescription	ett recept, –et	resept
present *gift*	en present, –en	present
press (to)	pressa	presa
pretty	söt	surt
price	ett pris, –et	prees
private	privat	privaht
problem	ett problem, –et	problaym
profession	ett yrke, –t	ürke
programme	ett program, –met	program
promise (to)	lova	lawva
pull (to)	dra	drah
pure	ren	rayn
purse	en börs, –en	burrs
push (to)	skjuta	shuuta
put (to)	sätta	seta
pyjamas	en pyjamas, –en	püyahmas

Q

quality	en kvalitet, –en	kvalitayt
quantity	en mängd, –en	mengd
quarter	en fjärdedel, –en	fyerdedayl
queen	en drottning, –en	drotning

question	en fråga, –n	frawga
quick	kvick/snabb	kvik/snab
quiet	tyst/stillsam	tüst/stilsam

R

racecourse	en kapplöpningsbana, –n	kaplurpningsbahna
race	en kapplöpning, –en	kaplurpning
radiator	ett (värme)element, –et	(**verme**)ele**ment**
radio	en radio, –n	rahdioo
railway	en järnväg, –en	yernveg
rain	ett regn, –et	reng–n
(it is) raining	(det) regnar	(dayt) reng–nar
raincoat	en regnkappa, –n	reng–nkapa
rare	sällsynt	selsünt
raw	rå	raw
razor	en rakhyvel, –n	rahkhüvel
razor blade	ett rakblad, –et	rahkblahd
read (to)	läsa	lesa
ready	färdig	ferdig
real	verklig	verklig
really	verkligen	verkligen
reason	förnuft, –et	furr**nüft**

receipt	ett kvitto, –t	kvito
receive (to)	få	faw
recent	ny	nü
recommend	rekommendera	rekomen**dayra**
record	en (grammofon)skiva, –n	(gramoo**fawn**) sheeva
red	röd	rurd
refreshments	förfriskningar	furr**frisk**ningar
register (to)	pollettera	pole**tayra**
registered mail	rekommenderat brev	rekomen**dayrat** brayv
remember (to)	komma ihåg	koma **ihawg**
rent (to)	hyra	hüra
repair (to)	laga	lahga
repeat (to)	upprepa	ŭpraypa
reply (to)	svara	svahra
reply paid	med betalt svar	mayd be**tahlt** svahr
reservation	en reservering, –en/ en bokning, –en	reser**vayring**/ bookning
reserve (to)	reservera/boka	reser**vayra**/booka
reserved	reserverad	reser**vayrad**
restaurant	en restaurang, –en	restaŭ**rang**
restaurant car	en restaurangvagn, –en	restaŭ**rang**vang–n

return (to)	återvända	awtervenda
rib	ett revben, –et	rayvbayn
ribbon	ett hårband, –et	hawrband
rice	ris, –et	rees
right	höger	hurger
ring	en ring, –en	ring
river	en flod, –en/en å, –n	flood/aw
road	en väg, –en	veg
rock	en klippa, –n	klipa
roll *bread*	en franskbrödbulle, –n	franskbrurdbŭle
room	ett rum, –met	rŭm
rope	ett rep, –et	rayp
round	rund	rŭnd
rowing boat	en roddbåt, –en	roodbawt
rubber	gummi, –t	gŭmi
rubbish	avskräde, –t	ahvskrede
run (to)	springa	springa
Russia	Ryssland	rüsland
Russian	rysk	rüsk

S

safe	säker	seker
salad	en sallad, –en	salad

salesgirl	en expedit, –en	expe**deet**
salesman	en försäljare, –n	furr**sel**yare
salt	salt, –et	salt
salt water	saltvatten, –vattnet	saltvaten
same	samma	sama
sand	sand, –en	sand
sandals	sandaler, –na	sand**dahler**
sandwich	en smörgås, –en	smurrgaws
sanitary towel	en dambinda, –n	dahmbinda
Saturday	lördag	lurrdahg
sauce	en sås, –en	saws
saucer	en assiett, –en	**ashet**
sauna	en bastu, –n	bastü
sausage	en korv, –en	korv
say (to)	säga	saiga (or saiya)
scald (to)	förebrå	furrebraw
Scandinavia	Skandinavien	skandi**nah**vien
Scandinavian	skandinavisk	skandi**nah**visk
scarf	en sjal, –en	shahl
scent	en doft, –en	doft
school	en skola, –n	skoola
scissors	en sax, –en	sax
Scotland	Skottland	skotland

Scottish	skotsk	skotsk
sculpture	en skulptur, –en	skŭlp**tuur**
sea	ett hav, –et	hahv
seasick	sjösjuk	shurshuuk
season	en årstid, –en	awrsteed
seat	en plats, –en	plats
second	en sekund, –en	se**kŭnd**
second class	andra klass	andra klas
sedative	ett lugnande medel	lung-nander maydel
see (to)	se	say
seem (to)	tyckas/se ut	tükas/say **uut**
self-service	självbetjäning	shelvbechening
sell (to)	sälja	selya
send (to)	skicka	shika
separate	separat	separ**aht**
September	september	sep**tem**ber
serious	allvarlig	allvahrlig
serve (to)	servera	servayra
service	betjäning, –en/ service, –n	be**chaining**
service *church*	en gudstjänst, –en	gŭdschenst
service charge	en serviceavgift, –en	ser**vees**avyift
set *hair*	läggning, –en	legning

several	flera	flayra
sew (to)	sy	sü
shade *colour*	en nyans, –en	**nüans**
shade *shadow*	skugga, –n	skŭga
shallow	grund	grŭnd
shampoo	hårshampo	hawrshampoo
shape	en form, –en	form
share (to)	dela	dayla
sharp	vass	vas
shave (to)	raka sig	rahka sig
shaving brush	en rakborste, –n	rahkborste
shaving cream	raktvål, –en	rahktvawl
she	hon	hoon
sheet	ett lakan, –et	lahkan
shell	en snäcka, –n	sneka
shine (to)	skina	sheena
shingle	klappersten	klaperstayn
ship	ett skepp, –et	shep
shipping line	ett sjöfartsbolag, –et	shurfahrtsboolahg
shirt	en skjorta, –n	shoorta
shoe	en sko, –n	skoo
shoelace	ett skosnöre, –t	skoosnurre
shoe shop	en skoaffär, –en	**skooafer**

shoe repairs	skolagning, –en	skoolagning
shop	en affär, –en	**afer**
short	kort	kort
shoulder	en axel, –n	axel
show	en föreställning, –en	furrestelning
show (to)	visa	veesa
shower	en dusch, –en	dush
shut *adjective*	stängt	stengt
shut (to)	stänga	stenga
sick	sjuk/illamående	shuuk/ilamawende
side	en sida, –n	seeda
sightseeing	en rundtur, –en	rŭndtuur
sights	sevärdheter	sayverdhayter
silk	siden, –et	seeden
silver	silver, silvret	silver
simple	enkel	enkel
single	ensam	aynsam
single room	ett enkelrum, –met	enkelrŭm
sister	en syster, –n	süster
sit (to)	sitta	sita
sit down (to)	sätta sig	seta sig
size	en storlek, –en	stoorlayk
ski (to)	åka skidor	awka sheedoor

skid (to)	sladda	slada
sky	en himmel, himlen	himel
sleep (to)	sova	sawva
sleeper	en sovvagn, –en	sawvang-n
sleeping bag	en sovsäck, –en	sawvsek
sleeve	en ärm, –en	erm
slice	en skiva, –n	sheeva
slip	en underkjol, –en	ŭnderchol
slippers	tofflor, –na	toflor
slowly	långsamt	longsamt
small	liten	leeten
smart	snygg	snüg
smell (to)	lukta	lukta
smoke (to)	röka	rurka
smoking (compartment)	rökare (rökkupé)	rurkare (rurk-kŭpay)
smoking (no)	(icke) rökare/rökning förbjuden	(ike) rurkare/rurkning **furrbyuuden**
snack	en smårätt, –en	smawret
snow	snö, –n	snur
(it is) snowing	(det) snöar	(dayt) snurar
so	så	saw
soap	en tvål, –en	tvawl

soap powder	tvålpulver, –vret	tvawlpülver
sock	en sock, –en	sok
soda water	sodavatten, –vattnet	soodavaten
sold	såld	sold
sole *shoe*	en sula, –n	suula
some	någon, lite	nawgon, leete
somebody	någon	nawgon
something	något	nawgot
sometimes	ibland	ibland
somewhere	någonstans	nawgonstans
son	en son, –en	sawn
song	en sång, –en	song
soon	snart	snahrt
sorry	ursäkta	uursekta
soup	en soppa, –n	sopa
sour	sur	suur
south	söder	surder
souvenir	en souvenir, –en	sooveneer
speak (to)	tala	tahla
speciality	en specialitet, –en	spesialitayt
speed	en hastighet, –en	hastighayt
speed limit	en fartbegränsning, –en	fahrtbegrensning

spend (to)	ge ut	yay **uut**
spine	en ryggrad, –en	rügrahd
spoon	en sked, –en	shayd
sport	en sport, –en	sport
sprain	en vrickning, –en	vrikning
sprain (to)	vricka	vrika
spring	en vår, –en	vawr
square	ett torg, –et	tor–y
stage	en scen, –en	sayn
stain	en fläck, –en	flek
stained	fläckig	flekig
stairs	en trappa, –n	trapa
stale	skämd	shemd
stalls *theatre*	parkett, –en	par**ket**
stamp	ett frimärke, –t	freemairke
stand (to)	stå	staw
start (to)	börja	burrya
station	en station, –en	sta**shoon**
statue	en staty, –n	sta**tü**
stay (to)	stanna/bo	stana/boo
step	ett steg, –et	stayg
still	ännu	enü
sting	stygn	stüng–n

stocking	en strumpa, –n	strŭmpa
stolen	stulen	stuulen
stomach	en mage, –n	mahge
stone	en sten, –en	stayn
stop (to)	stanna	stana
store	en affär, –en	**afer**
straight	rak	rahk
straight on	rakt fram	**rahkt fram**
strap	en rem, –men	rem
straw (a)	et sugrör, –et	suugrurr
strawberry	en jordgubbe, –n	yoordgŭbbe
stream	en bäck, –en	bek
street	en gata, –n	gahta
string	ett snöre, –t	snurre
strong	stark	stark
student	en student, –en	stŭ**dent**
style	en stil, –en	steel
suburb	en förstad, –en	furrstahd
subway	en gångtunnel, –n	gongtŭnel
suede	mocka, –n	moka
sugar	socker, sockret	soker
suit	en dräkt, –en	drekt
suitcase	en resväska, –n	raysveska

summer	en sommar, –en	somar
sun	en sol, –en	sool
sunbathe (to)	solbada	soolbahda
sunburn	solbränna, –n	soolbrena
Sunday	söndag	surndahg
sunglasses	solglasögon, –en	sollglahsurgon
sunhat	en solhatt, –en	soolhat
sunshade	en parasoll, –en	para**sol**
sunstroke	solsting, –et	soolsting
suntan cream	sololja, –n	soololya
supper	kvällsmat, –en	kvelsmaht
supplementary charge	tilläggsavgift, –en	tilegsahvyift
sure	säker	seker
surface mail	icke flygpost	ike flügpost
surgery	läkarmottagning, –en	lekarmootahgning
suspender belt	en strumphållare, –n	strumpholare
sweater	en tröja, –n	trurya
Sweden	Sverige	sverge
Swedish	svensk	svensk
sweet	söt	surt
sweets	sötsaker/gottis	surtsahker/gotis
swell (to)	svälla	svela
swim (to)	simma	sima

swimming pool	en simbassäng, –en	simbaseng
switch *light*	en kontakt, –en	kontakt
swollen	svullen	svŭlen

T

table	ett bord, –et	boord
tablecloth	en bordduk, –en	**boord-duuk**
tablet	en tablett, –en	tab**let**
tailor	en skräddare, –n	skredare
take (to)	ta	tah
talk (to)	tala	tahla
tall	lång	long
tap	en kran, –en	krahn
taste	en smak, –en	smahk
tax	en skatt, –en	skat
taxi	en taxi, –n	taxi
tea	te, –et	tay
teach (to)	lära	laira
telegram	ett telegram, –met	tele**gram**
telephone (to)	telefonera	telefo**nayra**
telephone	en telefon, –en	tele**fawn**
telephone box	en telefonkiosk, –en	tele**fawn**chosk

telephone call	ett telefonsamtal, –et	tele**fawn**samtahl
telephone directory	en telefonkatalog, –en	tele**fawn**katalawg
telephone number	ett telefonnummer, –ret	tele**fawn**nŭmer
telephone operator	en telefonist, –en	telefo**nist**
television	en television, –en	televi**shoon**
tell (to)	berätta	be**re**ta
temperature	en temperatur, –en	tempera**tuur**
tennis	tennis, –en	**ten**is
tent	ett tält, –et	telt
tent peg	en tältpinne, –n	**telt**pinner
tent pole	en tältstång, –en	**telt**stong
terrace	en terrass, –en	te**ras**
than	än	en
thank you	tack	tak
that	den där	den **der**
the	den	den
theatre	en teater, –n	te**ah**ter
their, theirs	deras	**day**ras
them	dem	dem
then	då/sedan	daw/**say**dan
there	där	der
there is	det finns	dayt fins

there are	det finns	dayt fins
thermometer	en termometer, –n	termoo**mayt**er
these	dessa/de här	desa/day hair
they	de	day
thick	tjock	chok
thin	tunn	tŭn
thing	en sak, –en	sahk
think (to)	tänka	tengka
thirsty	törstig	turrstig
this	denna/den här	dena/den hair
those	de där	day dair
thread	en tråd, –en	trawd
throat	en hals, –en	hals
through	(i)genom	(i)**yay**nom
throw (to)	kasta	kasta
thumb	en tumme, –n	tumme
Thursday	torsdag, –en	toorsdahg
ticket	en biljett, –en	**bil**yet
tide	tidvatten, –net	teedvaten
tie	en slips, –en	slips
tight	snäv	snaiv
tights	strumpbyxur	strŭmpbüxor
time	tid, –en	teed

timetable	en tidtabell, –en	**teedtabel**
tin	en konservburk	konserv**bŭrk**
tin opener	en konservöppnare, –n	kon**serv**urpnare
tip	dricks, –en	driks
tip (to)	ge dricks	yay driks
tired	trött	trurt
tissues *paper*	pappersnäsdukar, –na	papersnesduukar
to	att/till	at/til
tobacco	tobak, –en	toobak
tobacco pouch	en tobakspung, –en	toobakspŭng
today	idag	**idahg**
toe	en tå, –n	taw
together	tillsammans	til**sa**mans
toilet	en toalett, –en	tooalet
toilet paper	toalettpapper, –et	tooaletpaper
token	en pollett, –en	**pol**et
tomato	en tomat, –en	**too**maht
tomorrow	i morgon	**i morgon**
tongue	en tunga, –n	tŭnga
tonight	ikväll	ik**vel**
too *also*	också	oksaw
too *excessive*	för	furr
too much/many	för mycket/många	furr **mü**ket/**monga**

tooth	en tand, –en	tand
toothache	tandvärk, –en	tandverk
toothbrush	en tandborste, –n	tandborste
toothpaste	en tandkräm, –en	tandkrem
toothpick	en tandpetare, –n	tandpaytare
top	en topp, –en	top
torch	en ficklampa, –n	fiklampa
torn	trasig	trahsig
touch (to)	röra	rurra
tourist	en turist, –en	**tŭrist**
towards	mot	moot
towel	en handduk, –en	handuuk
tower	ett torn, –et	toorn
town	en stad, –en	stahd
toy	en leksak, –en	layksahk
traffic	trafik, –en	**trafeek**
traffic jam	en trafikstockning, –en	trafeekstokning
traffic lights	trafikljus, –en	trafeekyuus
train	ett tåg, –et	tawg
translate (to)	översätta	urverseta
travel (to)	resa	raysa
travel agent	en resebyrå, –n	raysebüro
traveller	en resande, –n	raysande

travellers' cheque	en resecheck, –en	raysechek
treatment	behandling, –en	behandling
tree	ett träd, –et	tred
trip	en tur, –en	tuur
trouble	besvär, –et	besver
trousers	byxor, –na	büxoor
true	sann	san
trunk *luggage*	en koffert, –en	kofert
trunks	kalsonger, –na	**kal**son**ger**
try, try on (to)	pröva/prova	prurva/proova
Tuesday	tisdag, –en	tisdahg
tunnel	en tunnel, –n	tŭnel
turn (to)	vända	venda
turning	en sväng, –en	sveng
twisted	invecklad	inveklad

U

ugly	ful	fuul
umbrella	ett paraply, –et	para**plü**
uncle	en farbroder, –n	farbrooder
uncomfortable	obekväm	oobekvem
under	under	under

underground	en tunnelbana, –n	tŭnelbahna
understand	förstå	furr**staw**
underwear	underkläder, –na	ŭnderkleder
university	ett universitet, –et	ŭniversi**tayt**
unpack (to)	packa upp	paka ŭp
until	tills	tils
unusual	ovanlig	oovahnlig
up	upp/fram	ŭp/fram
upstairs	där uppe/upp	der ŭpe/ŭp
urgent	brådskande	brodskande
use (to)	använda	anvenda
usual	vanlig	vahnlig
USA	Förenta Staterna	uu es ah/furr**aynta** stahterna
USSR	Sovjetunionen	sovyetŭnioonen

V

vacant	ledig	laydig
vaccination	en vaccinering, –en	vaksi**nayring**
valid	giltig	yiltig
valley	en dal, –en	dahl
valuable	värdefull	verdefŭl

value	ett värde, –et	verde
vase	en vas, –en	vahs
veal	kalvkött, –et	kalvchurt
vegetables	grönsaker, –na	grurnsahker
vegetarian	en vegetarian, –en	vegetar**iahn**
veil	en slöja, –n	slur–ya
vein	en blodåder, –n	**blood-aw**der
ventilation	ventilering, –en	ventil**ayring**
very	mycket	müket
very much	väldigt mycket	veldigt müket
vest	ett linne, –t	linne
view	en utsikt, –en	uutsikt
village	en by, –n	bü
vinegar	vinäger, –n	**vineger**
violin	en fiol, –en	**fiool**
visa	ett visum, –et	veesüm
visit	ett besök, –et	besurk
visit (to	besöka/hälsa på	besurka/helsa paw
voice	en röst, –en	rurst
voltage	en spänning, –en/volt	spening/volt
vomit (to)	kräkas/spy	krekas/spü
voyage	en resa, –n	raysa

W

wait (to)	vänta	venta
waiter	en kypare, –n	chüpare
waiting room	en väntsal, –en	ventsahl
waitress	en servitris, –en	servi**trees**
wake (to)	vakna	vahkna
Wales	Wales	*as English*
walk (to)	gå/promenera	gaw/prome**nayra**
wallet	en plånbok, –en	plawnbook
want (to)	vilja	vilya
wardrobe	en garderob, –en	garde**rawb**
warm	varm	varm
wash (to)	tvätta (sig)	tveta sig
washbasin	ett handfat, –et	handfaht
watch	ett (armbands)ur, –et/ en klocka, –n	armbandsuur/kloka
water	vatten, –net	vaten
waterfall	ett vattenfall, –et	vatenfal
watermelon	en vattenmelon, –en	**vat**enme**loon**
water ski-ing	åka vattenskidor	awka vatensheedoor
wave	en våg, –en	vawg
way	en väg, –en	veg
we	**vi**	vee

wear (to)	ha på sig	hah **paw** sig
weather	väder, –ret	veder
Wednesday	onsdag, –en	oonsdahg
week	en vecka, –n	veka
weigh (to)	väga	vega
well	bra	brah
Welsh	walesisk	val**ay**sisk
west	väster	vester
wet	våt	vawt
what?	vad?	vahd
wheel	ett hjul, –et	yuul
when?	när?	ner
where?	var?	vahr
which	vilken?	vilken
while	medan	maydan
white	vit	veet
who?	vem?	vem
whole	hel	hayl
whose?	vems?	vems
why?	varför?	varfurr
wide	vid/bred	veed/brayd
widow	en änka, –n	engka
widower	en änkling, –en	engkling

wife	en fru, –n/en hustru, –n/en maka, –n	fruu/hŭstrŭ/mahka
win (to)	vinna	vina
wind	en vind, –en	vind
window	ett fönster, –stret	furnster
wine	vin, –et	veen
wine list	en vinlista, –n	veenlista
winter	en vinter, –n	vinter
wish (to)	önska	urnska
with	med	mayd
without	utan	uutan
woman	en kvinna, –n	kvina
wool	ylle, –t	üleh
word	ett ord, –et	oord
worse	sämre	semre
worth	värd	**verd**
wound	ett sår, –et	sawr
wrap (to)	lägga in	lega **in**
wrist	en handled, –en	handlayd
write (to)	skriva	skreeva
writing paper	brevpapper, –et	brayvpaper
wrong	fel	fayl

Y

yacht	en (lust) jakt, –en	(lŭst)yakt
year	ett år, –et	awr
yellow	gul	guul
yes	ja	yah
yesterday	igår	**igawr**
you	du/ni	duu/nee
young	ung	ŭng
your, yours	din/er	deen/ayr
youth hostel	ett vandrarhem, –met	vandrarhem

Z

zip	ett blixtlås, –et	blixtlaws
zoo	en zoo	soo

Notes

Notes

Notes

Notes